小さな会社は
「ドラッカー戦略」で

Drucker's Strategy

戦わずに生き残る

藤屋伸二
Shinji Fujiya

日本実業出版社

はじめに

20世紀が生んだ最高峰の思想家であり、経営学者であり、経営コンサルタントである、ドラッカーの教えを「小さな会社」に適用したのが本書です。

21世紀になった今、ドラッカーは「オワコン（終わったコンテンツ）」なのでしょうか。私はそうは思いません。次のドラッカーの文章を読むと、終わったどころか、ますます重要な指針を与えてくれることがわかります。

たとえば、経営環境が大きく変化しつつあったところにコロナ・ショックが発生し、変化のスピードと振れ幅が大きくなりました。そのため、多くの市場への根本的な対応が求められています。

その対応についてドラッカーに従えば、次のような視点が参考になります（なお、ドラッカーは「数年ごとに」といっていますが、「大きな変化があったとき」も加える必要があります）。

あらゆる製品、内向け外向けのあらゆるサービス、あらゆるプロセス、あらゆる活動が、数年ごとに「まだ手がけていないと仮定して、その明らかになった新しい知見をもってしても、手をつけることが得策と考えるか」という問いをもって裁かなければならない。

もし答えが「ノー」であれば、「調べてみよう」とはいわずに、「どうすれば手を引けるか。あるいは、どうすれば少なくともこれ以上資源を投入せずにすむか」を問わなければならない。

『乱気流時代の経営』


また、ドラッカーは「**顧客が事業であり、強みが事業である**」と述べています。独自化や差別化を生み出すものが「強み」だからです。ドラッカーの次の質問に答えることで、やるべきことが見えてきます。


あらゆる者が、強みによって報酬を手にする。弱みによってではない。したがって、つねに最初に問うべきは、「われわれの強みは何か」である。

そして、次に問うべきが、「そのわれわれの強みは、適切な強みか」「明日の機会に適した強みか、昨日の機会に適した強みか」「その強みを、もはや機会が存在しないところや、そもそも機会が存在しなかったところに向けていないか」である。
そして最後に問うべきは、「さらにいかなる強みを手にしなければならないか」「人口構造、知識や技術の変化、世界経済の変化によってもたらされる環境の変化、機会、乱気流を利用するには、さらにいかなる強みを身につけなければならないか」である。

『乱気流時代の経営』

ドラッカー理論は、大企業だけに通用する経営（マネジメント）理論なのでしょうか。そうではありません。「ドラッカー理論は大企業のもの」というのは、たんなる都市伝説みたいなものです。ドラッカーの代表作である『マネジメント』には、小さな学園都市の大学の教員や学生相手専門の個人不動産業の事例も出てきます。また、「小さな会社の戦略」として、次のように書いています。

小企業と大企業は択一的な存在ではなく、補完的な存在だった。＝中略＝ 小企業は戦略を必要とする。小企業は限界的な存在にされてはならない。その危険は常にある。

したがって、際立った存在となるための戦略を持たなければならない。ニッチを見つけなければならない。

『エッセンシャル版　マネジメント』

そして、このようにも。

小企業は、生物学の用語でいえば、自己にとって有利な、また、競争に耐えうるような生態的空間（著者注：ニッチ）を見つけ出さなければならない。

しかし、現実には、ほとんどの小企業が、戦略をもたない。ほとんどの小企業が、機会中心ではなく問題中心である。問題から問題に追われて毎日を送っている。だからこそ小企業の多くが、成功しないのである。

『抄訳　マネジメント』

これらを読むだけでも、ドラッカー理論が小さな会社にも適用できることは明らかです。

では、「なぜ、ドラッカーは大企業のもの」と誤解されるようになったのでしょうか？　その理由の1つとして、ドラッカー自身も述べていますが、大企業、とくに上場企業はメディアに露出する機会も多いのに対して、中小企業は露出度が少ないうえに、公開されている情報が少ないので、事例が大企業中心にならざるをえなかったのです。

そして本書は、たんに「ドラッカー理論」を小さな会社向けにアレンジした机上の空論ではありません。中小企業専門の経営コンサルタントとして、「ドラッカー理論」を用いて中小企業の業績伸長やV字回復を支援してきた私の経験に基づいています（関心がある方は、私が主宰している藤屋ニッチ戦略研究所ホームページの【お客様の声】をご確認ください）。

本書に沿って実践すれば、「独自化」を図れることで結果として売上もアップします。「値上げ」が可能になって粗利益率がアップします。その具体的な方法は、本書で藤屋式ニッチ戦略塾の塾生の会社の事例とともに紹介します。

今日、少子高齢化、相対的な日本の地位の低下、インターネットの普及、情報技術の進化、AIの進化、グローバリゼーション、コロナ・ショックをきっかけに急速に定着しつつあるリモートワークなど、小さな会社の経営基盤を揺るがす根本的な変化が起こっています。

そのような今だからこそ、小さな会社はドラッカーの教えにのっとり、非競争のニッチ市場を確保して、優雅に暮らすための**「生態的ニッチ戦略」**に転換していかなければなりません。

ただし、ドラッカーの表現は難しいところがありますので、ドラッカー関連の著書・監修書だけでも37冊（海外版・電子版を含む）、合計発行部数２４４万部の実績をもつ私が、小さな会社の事例とともに、「戦わずに生き残る方法」をわかりやすく解説します。

あなたの会社が競争環境から抜け出し、売上の伸長と粗利益率アップに貢献できることを願っています。

藤屋伸二

小さな会社は「ドラッカー戦略」で戦わずに生き残る　目次

カバーデザイン　井上新八
本文デザイン・図版・DTP　浅井寛子
イラスト　入月まゆ

PART 1

小さな会社が戦わずに生き残るドラッカーの「生態的ニッチ戦略」

CHAPTER 1

ドラッカーの「生態的ニッチ戦略」

市場シェアの優位は、利益をもたらさずにコストをもたらしがちである。市場シェアの大きな企業は、あらゆる領域において、事業を行おうとする。しかしあらゆる領域において卓越した活動を行うことができる企業など存在しない。むしろ小さな特化した企業だけが、時として、自らのあらゆる製品とサービス、あらゆる市場と最終用途、あらゆる顧客と流通チャネルに関して、リーダーシップを握ることができる。

『創造する経営者』

1

小さな会社は「生態的ニッチ戦略」が最適

本書のポジショニング

会社におけるポジショニングとは、他社との違いや特徴を意味します。言い換えると、**同質競争を避けて自社の存在意義を確立すること**です。

本書はドラッカーの「生態的ニッチ戦略」をベースにしています。ドラッカーの「生態的ニッチ戦略」は**「戦わない経営」**です。また、**「小さな市場」**を対象としています。このポジションを見える化したものが図1です。

したがって、「生態的ニッチ戦略」が小さな会社に最適な事業戦略だということがわかっていただけるはずです。

図1 **本書のポジショニング**

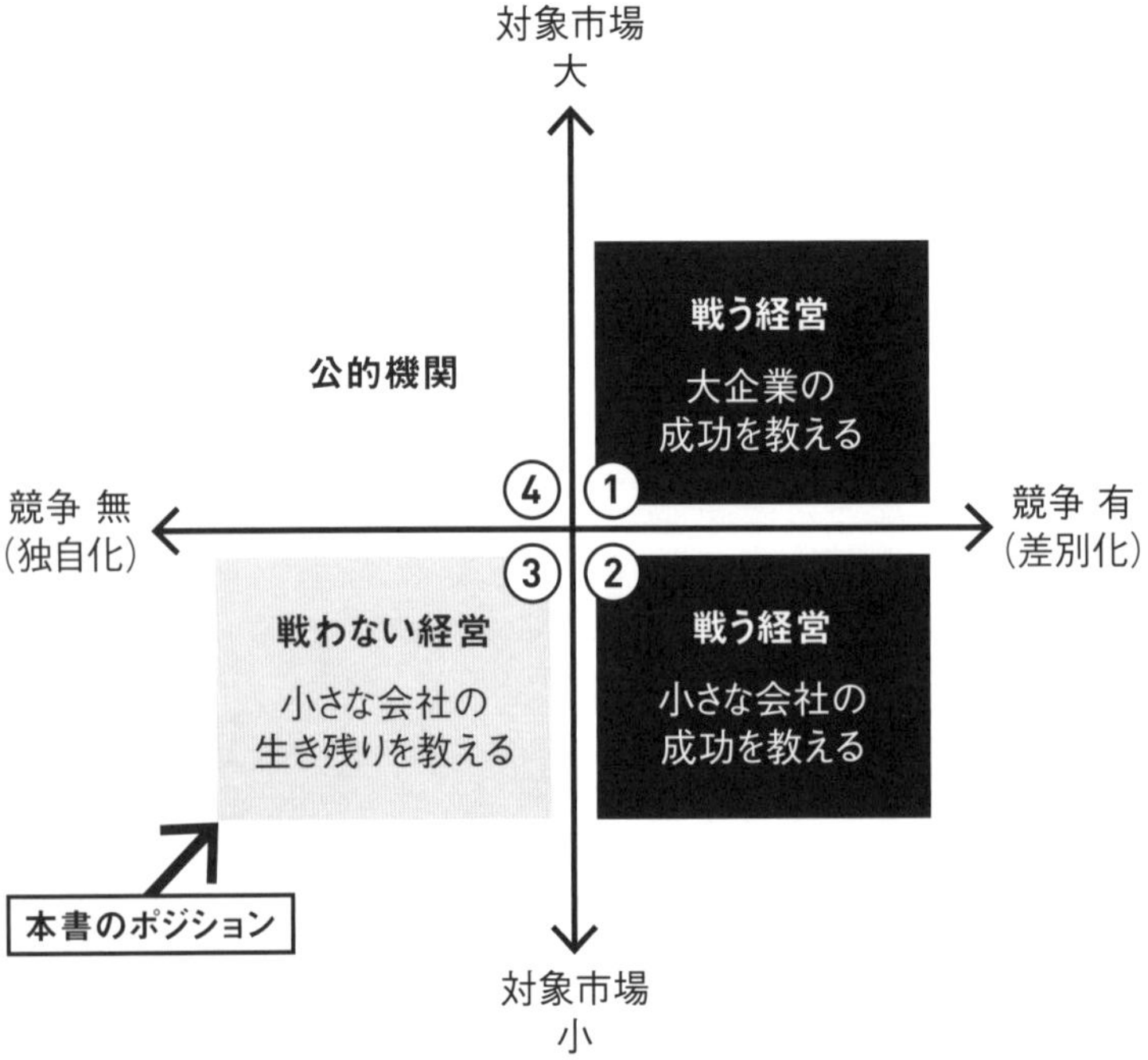

独自化	差別化
戦わない	戦う
不戦勝	勝ち残る
主に顧客を意識する	主に競合を意識する

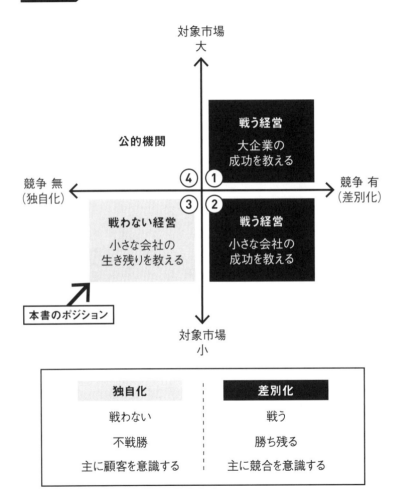

「生態的ニッチ」とは適所生存の戦略

「生態的ニッチ」とは、生物が占有できる適所・空間のことです。生物学では「ニッチ＝すき間」という考え方はありません。**生物学でいう「ニッチ」は、ある種の生物が生息できる最適な場所や空間のことです。**そこには、大きなニッチと小さなニッチがあるだけです。

大きなニッチにはそこにふさわしい生物が生息し、小さなニッチにはそこにふさわしい生物が生息しています。そして、自分より強い生物が侵入してくると、新しいニッチを探して移動（ニッチシフト）します。それができなければ絶滅するだけです。

生物学的には、あるニッチには1つの種しか生息できません。そこですべての生物は、**「棲《す》み分け」**と**「食い分け」**という方法でニッチを確保しようとします。

「棲み分け」は生息する場所を、単純に自分より強い生物や自分を捕食する生物とは違う場所にすることです。

たとえば、北アメリカのロッキー山脈の中腹（標高2000～3000メートル）の断崖絶壁に、シロイワヤギは生息しています。断崖絶壁ですから天敵であるコヨーテなどは上がってきません。冬はマイナス40度になることもありますが、シロイワヤギは密集した体毛が守ってくれます。食べ物も少ないのですが高山植物が生えており、生きていくには困りません。異種との競争がなく、捕食動物がいなくて食べ物はあるので、この環境が彼らにとって最高のニッチなのです。

もう1つの「食い分け」は、オーストラリアに生息するコアラがあてはまります。コアラは、毒素を含むのでほかの動物が食べないユーカリの葉を食べ、ついでにそこに棲みついています。

シロイワヤギもコアラも他種との争い（競争）には弱いのですが、生命力は強い動物です。何しろ、**戦わないので負けることがない**からです。

これをビジネスに置き換えると、**「非競争の独占市場」**になります。

事業戦略の本質は、**「他社との違いを打ち出すこと」**です。非競争の市場で事業を展開することを**「生態的ニッチ戦略（占有できる市場を確保すること）」**といいます。これをドラッカーは、名著『イノベーションと企業家精神』の「企業家戦略」の章で、文字通り「生態的ニッチ戦略」として紹介しています。

本書で事例として紹介する小さな会社も、「生態的ニッチ戦略」で競争しなくてもよい市場を見つけ出したり、つくり出したりすることで、ドラッカーが「生態的ニッチ戦略」

のゴールとして述べているように「優雅」に暮らしています。

世界一の小売業であるウォルマートの創業者サム・ウォルトンが残した言葉に、「他社より多く売るにはすべて小さく考えよ」というものがあります。

当時、ショッピングセンターは商圏人口が10万人以上でなければ成り立たないといわれていました。その状況のなかで、サム・ウォルトンは数千人の商圏人口のところでショッピングセンターを展開し出したのです。

もちろん、人口10万人の商圏よりも、人口数千人の商圏を積み上げたほうが市場としては大きくなります。つまり、小さな市場で成り立つビジネスモデル（儲かる仕組み）を考えたことで、ウォルマートは世界一の小売業になれたのです。

「生態的ニッチ（生息場所）」で説明したように、生物の世界では、大きなニッチと小さなニッチがあるだけです。サム・ウォルトンは小さなニッチ市場でＮｏ．１になり、その数を増やしていけば（マルチニッチ）、大きなニッチのＮｏ．１企業（マルチプル・ニッチャー）になれると信じていたのでしょう。

私はサム・ウォルトンの言葉をもじって、**「他社より高く売るには、すべてを小さく考えよ」**としています。小さな会社のみなさんに非競争の経営環境で、「優雅な経営」をしていただきたいからです。

図2、図3、図4は、それぞれ「生態的ニッチ戦略」の要素をまとめたものです。

図2は、事業の前提になる3つの要素（事業環境・事業目的・自社の強み）の関係を表しています。これら3つの要素に対するそれぞれの認識が、現実に合致していないと事業戦略は機能しません。また、3つの要素が相互に合致しないと、やはり事業戦略として機能しません。

図3は、事業戦略の3つの要素（市場・商品と提供方法・流通チャネルとメッセージ発信）の関係性を表しています。3つの要素の関係は、図2と同じです。

図4は、競争と非競争の関係を表したものです。あるお客様ニーズに対して、自社だけでなく他社も同じように対応していれば熾烈な競争環境のレッドオーシャン（競争市場）になります。しかし、**自社だけしか対応していなければ非競争のブルーオーシャン（非競争市場）になります。**

図2　事業戦略の前提になる3つの要素

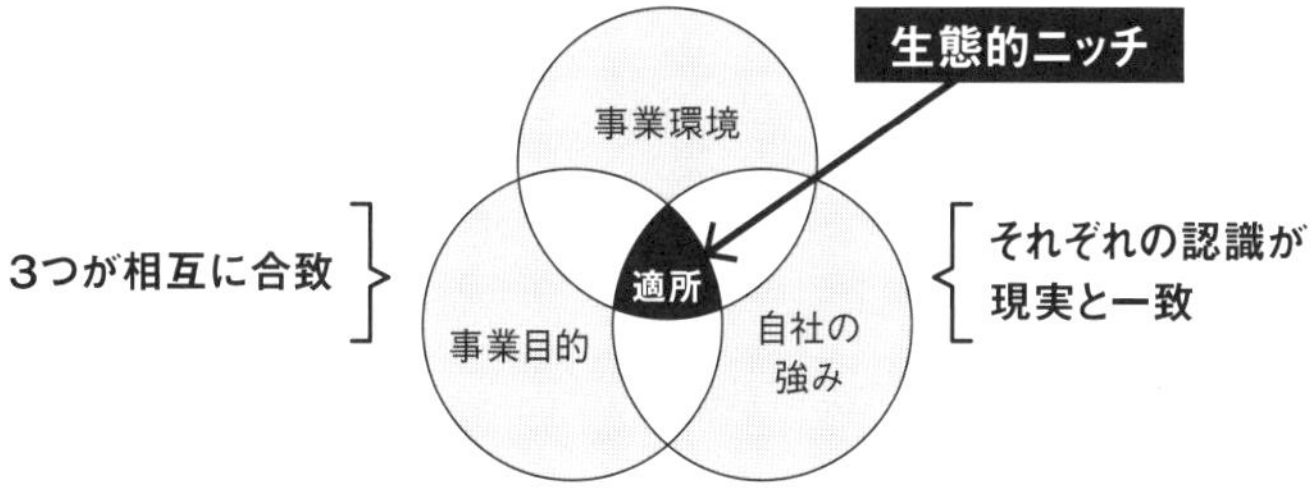

図3　事業戦略の3つの要素

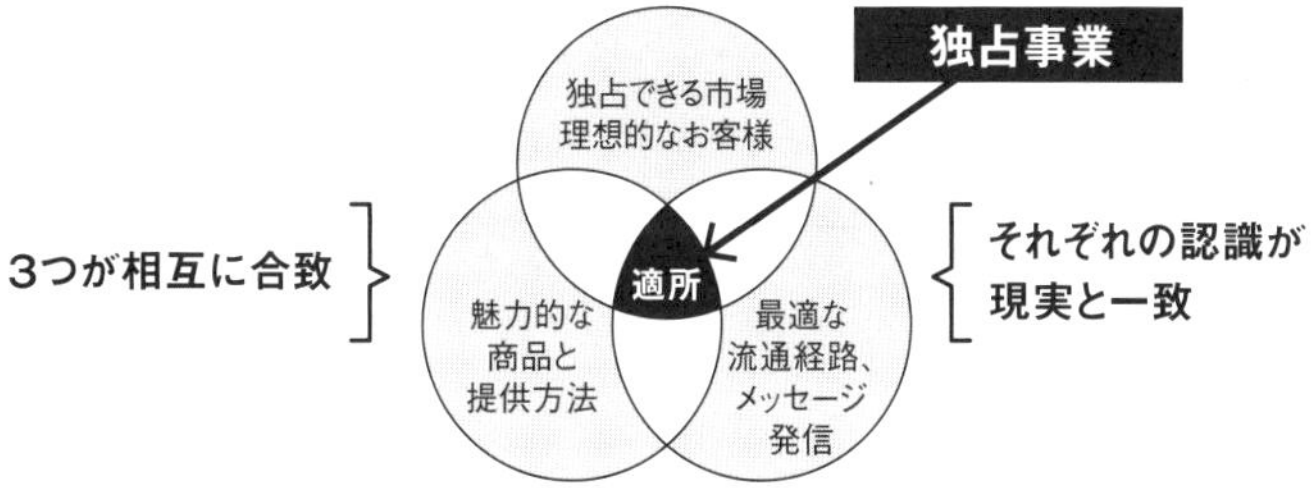

図4　非競争にするために

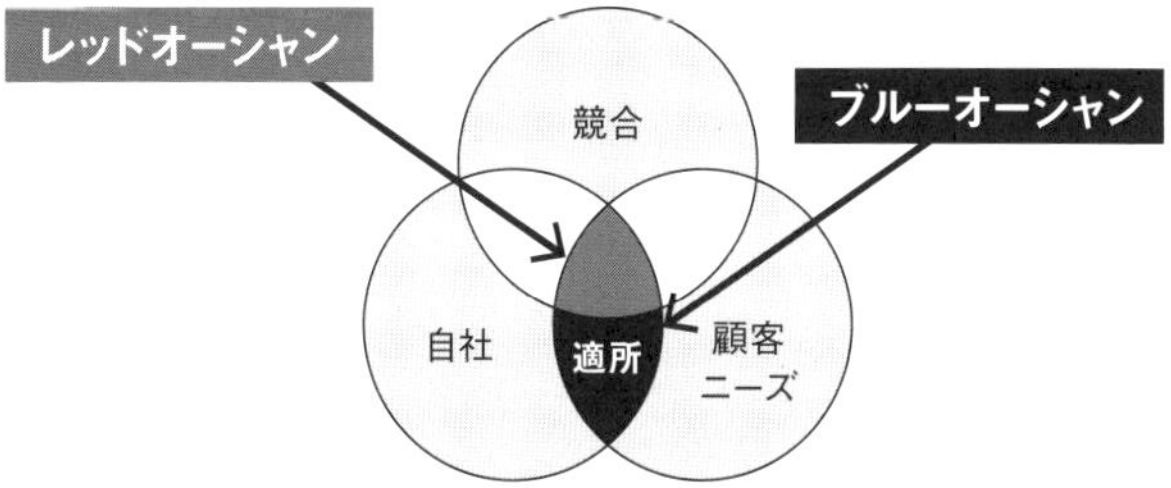

CHAPTER 2

スモールメリットを活かす

今後、機能に適した規模が課題となる。その仕事が最もできるのは、ミツバチか、ハチドリか、ネズミか、シカか、ゾウか。いずれの大きさも必要である。それぞれの仕事にふさわしい大きさがあり、生態系がある。

『テクノロジストの条件』

1

「スケールメリット」と「スモールメリット」

大きな会社はスケールメリットを活かす

すべてに共通することですが、メリットとデメリットは表裏一体です。大きな会社には特有のメリットがあります。たとえば、次のようにです。

・大きな仕事に対応できる
・知名度があるので新規の商談がしやすい
・ヒト・モノ・カネがあるので、専門職やスタッフ部門をつくれる
・「現在のための仕事」と「将来のための仕事」の担当を分けることができる
・上場していれば信用されやすい
・さまざまな制度が整っており、大きな組織を動かすための仕組みやノウハウをもっている

・知名度があるので採用もしやすい

などなど、小さな会社にはないスケールメリットを活かすことができます。大きな仕事をするときには、小さな会社では太刀打ちできない絶対的な力をもっています。したがって、**小さな会社は、大きな会社と正面から競争する立ち位置（ポジション）にいてはいけません。**

小さな会社は、スモールメリットを活かす

だからといって、大きな会社がすべて有利というわけではありません。本章の冒頭のドラッカーの言葉を重ねると、**「それぞれの仕事にふさわしい大きさがあり、生態系に合った経営」**があるのです。小さな会社には、次のようなメリットがあります。

・競争優位に立てる特定のニーズに専門特化できる
・臨機応変に対応できる（小回りが利く）
・社員全員がお客様に近いので、お客様志向になりやすい

・意思決定のスピードが速い

・間接費が少ないことで価格に反映できる

ここでもメリットとデメリットは表裏一体です。どの視点で見るかによって、1つの事柄がメリットにもデメリットにもなります。

そもそも、大きな会社と小さな会社では役割が違うのです。たとえば、マンモスタンカーを強者、手漕ぎボートを弱者と考える人はいないでしょう。また、大型トレーラーを強者、軽自動車を弱者と考える人もいません。それぞれに特徴（メリットとデメリット）があるので、それにふさわしい使い方をすればよいのです。つまり、**規模・サイズが違うものは、競争関係ではなく補完関係にある**のです。

したがって、小さな会社を弱者とする考え方は、根本的に間違っています。ドラッカーの言葉にもあるように、あなたの会社が対象に選んだ市場は、ミツバチ・ハチドリ・ネズミ・シカ・ゾウのうち、どの大きさがもっとも効果的・効率的に、「お客様満足」を提供できるでしょうか？

もし、あなたの会社の規模が適切ではないのであれば、選択した市場が間違っています。それを次項で事例をあげて説明します。

図5　「スケールメリット」と「スモールメリット」

スケールメリット	スモールメリット
大きな仕事に対応できる	競争優位に立てる特定のニーズに専門特化できる
知名度があるので、新規の商談がしやすい	臨機応変に対応できる（小回りが利く）
ヒト・モノ・カネがあるので、専門職やスタッフ部門をつくれる	社員全員がお客様に近いので、お客様志向になりやすい
「現在のための仕事」と「将来のための仕事」の担当を分けることができる	意思決定のスピードが速い
上場していれば信用されやすい	間接費が少ないことで価格に反映できる
さまざまな制度が整っており、大きな組織を動かすための仕組みやノウハウをもっている	
知名度があるので採用もしやすい	

2

小さな会社には『ガリバー旅行記』が最高のビジネスモデル

大きな会社には、徹底して小さな会社として活動する

藤屋式ニッチ戦略塾・塾生の坂本周平さんが経営する北章宅建株式会社（北海道石狩市／従業員40名）は、不動産売買業、売買仲介及び販売代理業、不動産賃貸業、賃貸仲介及び賃貸管理業、一般建築工事の設計・施工及び管理、建築、建物設備のリフォーム工事の設計・施工及びコンサルタント業務、各種損害保険及び少額短期保険代理店業務、リサイクル業、家具・不用品の引取及び買取・販売などを手掛ける不動産関連会社です。

同社の業務内容は、会社の登記簿謄本に書いているような「とりあえず書いておこう」的なものになっています。しかし、実際にすべてを手掛けています。

特徴的なのが、その店舗網です。店舗の所在地は、石狩市（人口約6万人）、小樽市（人口約13万人）、江別市（人口約12万人）、岩見沢市（人口約9万人）、余市町（人口約2万人）、

滝川市（人口約4万人）、札幌市手稲区（人口約14万人）、札幌市北区（人口約28万人）、美唄《びばい》市（人口約3万人）です。札幌市内にも2店舗を出していますが、いずれも郊外で、札幌市では外れのほうに位置しています。

このような立地に全国規模の同業者は進出してきませんし、地場の大手企業も進出してきません。つまり、**大きな会社が進出してこない場所に出店しているのです**。また、大きな会社が手掛けるような大型物件も回避しています。そのため、大きな会社と競合することはありません。

それどころか、大きな会社から小さな物件を紹介してもらうこともあります。それは、大企業では小さすぎる物件は効率が悪いので、直接取り扱うことができないからです。

同社は、「チェーンストア理論」に基づく会社運営を行っています。チェーンストア理論とは、小売店や飲食店などの業態で多店舗化する際に、大部分の業務を本社（本部）へ集中させて、店舗（現場）ではオペレーションに専念する経営手法のことです。

各店舗のスタッフは営業マンと事務員だけというように少ないのですが、大部分の業務は本部で一括して行っており、運営はシステマチックになっています。

出店先での競合は、個人事業主か、せいぜい従業員数人規模の不動産業社です。したがって、同社のように広告費に数千万円を投入することはできませんので、店舗がある地域での知名度はダントツです。

また、不動産に関するほとんどのサービスを行っているのも同社だけです。同社のポリシーは、「大手不動産業者並みの品質サービスを、各店舗で提供する」です。このような方法で事業展開しているため、たとえば小樽市での不動産仲介のシェアは30％、美唄市では60％を超えています。

なお、坂本さんは人口約２万人の余市町での成功を受け、人口減で市場が縮小している地域への進出も検討しています。理論的には、北海道だけでも50店舗前後の店舗網が築けるとのことです。

これからますます高齢化が進み、空き家が増える一方の市場で、不動産売買や仲介のビジネスは成り立つのかと不安になります。そのことを坂本さんに質問すると、人口動態、世帯の現実などをもとにした独自の判断基準がありました。理論的にも納得できるもので、今後の業績伸長も楽しみな会社です。

ちなみに、同業者からは「あんな地域に出店して儲かるの？」と聞かれるそうです。**外部からは、儲かる仕組みが見えないのです。**これこそ、典型的な「生態的ニッチ戦略」です。

「生態的ニッチ戦略」は、非競争の市場を開拓して独占する戦略のため、正確にいえば同社の場合、地元の同業者がいるので「独自化（オンリーワン）戦略」ではなく、ダントツの1位を狙う「差別化（ニッチトップ）戦略」というべきでしょう。

同社の戦略を聞いて、表現はともかく私はすぐに『ガリバー旅行記』を思い出しました。同書は、ガリバーが巨人の国では小人として、小人の国では巨人として扱われる物語ですが、同社は「小人の国ならでは」をそのまま事業戦略として再現しています。

CHAPTER 3

「現状」を戦略視点で分析する

製品や市場や流通チャネルなど業績をもたらす領域についての分析、利益や資源やリーダーシップ（筆者注：独自化と差別化のこと）についての分析、コストセンターやコストポイントについての分析など、事業そのものについての分析は、企業が「いかなる状況にあるか」を教える。

しかし、そもそも企業が「適切な事業を行っているか」をいかにして知るか。「わが社の事業は何か。何であるべきか」をいかにして知るか。

『創造する経営者』

1

「戦略設計」に取り組む前の7つの質問

その1 あなたの会社の「強み」は何か？

「強み」とは卓越性であり優位性です。他社よりも魅力的な商品や提供方法の源泉になるものです。「今さら何を」と思うかもしれません。しかし、「真の強み」はあなたが思っているものとは違うことが少なくありません。「真の強み」を再認識してください。

たとえば、藤屋式ニッチ戦略塾・塾生の池澤一廣さん（有限会社情報デザイン／栃木県矢板市）は、ＩＴ技術が強みだと信じていました。60代後半の彼は、ＡＩや最先端のＩＴ技術に精通しているわけではありません。しかし、Excelをこよなく愛しているＩＴ技術者です。

その池澤さんに「あなたの強みは何か、お客様に聞いてみてください」とお願いしたところ、お客様の答えの多くは「どんな問題にもきちんと耳を傾ける柔軟な対応力」ということでした。

人は、自分が関心をもっているもの、努力しているものを評価する傾向があります。しかし、それはその人自身の評価であって、お客様の評価とは別物です。ですから、**お客様の評価で「あなたの会社の強み」を特定するのです。**

そもそもExcelを「IT」とみなすかどうかも疑問です。ノーテクとはいわないまでも、ローテクであることは間違いありません。Excelを「IT」と認識しているIT技術者はほとんどいません。多くの人は計算ソフト、筆記用具くらいにしか思っていないのです。したがって、Excelに目を向けている優秀なIT技術者は、ほぼ皆無です。そこに「生態的ニッチ（非競争の市場）」があります。

同業者に、どの程度のExcelに関するノウハウやスキルがあるかは関係ありません。Excelでの生産管理、在庫管理、販売管理、アンケートの集計などを、実際に支援できるかどうかがすべてです。経営は実践ですから、Excelを使っている会社に貢献できれば、それだけで十分存在価値があります。実際、池澤さんには競争相手がほぼいないので、事業として十分に成り立っています。

その2 「市場でのポジション（特徴）」はどうなっているか？

他社との違いを打ち出すのが「事業戦略」です。そこで質問です。

・あなたの会社の「特徴」は何ですか？
・その「特徴」は、ライバルの商品や提供方法と何が・どのように違いますか？　明らかに違う魅力といえるものを3つあげてください。

ここまでは、**商品が売れる理由**を知るための質問です。これらの質問に答えられるならば、「市場でのポジション（特徴・違い・セールスポイント）」を確保できている可能性が大です。

逆に、答えられたにもかかわらず、目標とする粗利益率も売上高も確保できていないのであれば、そのよさが対象とするお客様層に伝わっていないか、答えた内容が、お客様にとっての魅力ではなく、あなたの思い込みだったということです。

その3　そのポジションは今後どうなるか？

強みや弱みは相対的なものです。また、状況によって違います。

『ガリバー旅行記』のガリバーは、巨人の国に行けば小人になり、小人の国に行けば巨人になりました。また、追い風でも、回れ右をすれば向かい風に変わります。たとえば、訪問営業が得意だった会社は、コロナ・ショックでお客様を訪問することができなくなり、瞬時に強みが消えてしまいました。

このように考えて、あなたの会社のポジション（特徴）は、今後もお客様に支持してもらえると思いますか？「YES」ならば、その理由をあげてください。

その4　今後、どんなポジションを築きたいか？

現在、すでに特徴あるポジションを築けていますか？　あるいは、どのような特徴をもつ会社になるべきかが明確に描けていますか？

ドラッカーは、**「目標を達成したときは、お祝いをするときではなく、次の準備に入るとき」**と述べています。どのような特徴をもつ会社になるかが描けていれば、それを充実・強化する方法を考えてください。描けていなければ、早急に描いてください。

その5 ライバルは誰か？

現在の直接的なライバル（競争相手）はどこですか？　また、間接的に競合しているところはどこですか？

間接的な競争相手を特定する方法は、「ペルソナ（理想とするお客様像）」の価値観に基づく、お金と時間の使い方から考えます。なお、ペルソナとは「事業や商品の典型的なターゲットにしたい理想的なお客様像」のことです（詳しくは後述）。ドラッカー的には、**「顧客は誰か」**になります。

「対象とするお客様」の使えるお金と時間には限りがあります。それは個人客でも法人客でも変わりません。したがって、あなたの会社が提供する価値の視点から、ライバルになるモノやコトを考えてみてください。

その6 ヒト・モノ・カネ・時間はどれくらい使えるか？

あなたの会社の経営資源は、ヒト・モノ・カネ・時間です。これらの多い少ないによって、活動が制約されます。経営資源は、多くの事業に少しずつ投入するよりも、差別化できる、あるいは独自化できる市場や商品・サービスに集中的に投入することで、より効果的・効率的に使うことができます。そこに投入できるヒト・モノ・カネ・時間を把握していなければ、今後の事業の発展は望めません。

したがって、現在の事業に必要な最低限度のヒト・モノ・カネ・時間を算出します。その際、見直した業務でつくり出したヒト・モノ・カネ・時間を、より強化したい事業に投入するようにしてください。

その7 商品や品ぞろえは適切か？

商品を分析する場合、商品のライフサイクル（導入期・成長期・成熟期・衰退期）の視点から分析してみてください。ライフサイクルによって対応が異なります。たとえば、「導入期」では市場への告知活動が中心になります。「成長期」では販売促進活動が中心になり、「成熟期」に入ると細分化するニーズへの対応が必要になってきます。そして「衰退期」には、いかにコストをかけずに売上を維持するかを考えることが中心になってきます。

そして、**商品を、売上と利益を稼ぐ「主力商品」と、主力商品をよりよく売るための「補助商品」に分けて、社内や事業における商品ごとの役割をはっきりさせてください。**なお、「補助商品」とは、主力商品を売るための販売促進の役割をする商品のことです。「補助商品」には無料の商品やサービスも含みます。

「主力商品」と「補助商品」の関係の例としては、プリンターとインク・コピー用紙、安全カミソリと替え刃などがあります。

これらを、あなたもご存じの本田技研工業の商品構成を事例に説明します。国内のバイク市場はすでに「衰退期」に入っています。ガソリン車などの自動車も「成熟期」に入っています。電気自動車は「成長期」に入ってきました。小型ジェット機は「導入期」の商品ですが高評価の商品で、対象市場が小さいこともあり、すぐに「成長期」の商品の仲間入りをするでしょう。

また、自動車に限れば、新車が「主力商品」であり、車検・修理・自動車保険が新車販売を促進するための「補助商品」になります。

図6 商品を分類する

導入期の商品	成長期の商品	成熟期の商品	衰退期の商品
小型ジェット	電気自動車	自動車	バイク

主力商品	補助商品
新車販売	車検・修理・自動車保険
プリンター	インク・コピー用紙
安全カミソリ	替え刃

2 「現在の事業の有効性」を確認する

その1 マズローの「欲求の五段階説」のどの欲求に対応しているか？

人の脳の働きは、基本的な欲求を満たす情報収集とその実現を最優先します。心理学者のマズローによると、その基本的な欲求（ニーズ）は「生存の欲求」「安全の欲求」「愛と帰属の欲求（社会的欲求）」「承認の欲求（自我の欲求）」「自己実現の欲求」の5段階になっています。

したがって、商品や提供方法は、「欲求の五段階説」のどの欲求に応えるものなのかを明確にしないと、対象とするお客様の琴線（脳）に触れることができません。あなたの会社の商品や提供方法は、どの段階の欲求を満たすためのものですか？　そんなことを考えたことがないかもしれませんが、もしそうであれば、これからは考えるようにしてください。

ちなみに、私が主宰する藤屋式ニッチ戦略塾のコンセプトは「値上げを起点・基点にして高収益体質に転換する」です。そのことによって、「自分自身を認めるとともに、他者からも認められたいとする【承認欲求】を満たすための経営塾」と位置づけています。

したがって、「倒産しそうだから助けて」という経営者が対象ではありません。「強みはある。今のところ問題はないが将来が見通せない。それを見通せるようにしたい。値上げによって経営を安定させた自分自身を認めてやりたいし、社員や取引先、経営者仲間にも認めてもらいたい」という人を「ペルソナ」に設定しています。

もちろん、経営はつねに現実で起こることですから、「利益率が低すぎるので何とかしたい」という「安全の欲求」や、「経営がヤバいから何とかしてほしい」という「生存の欲求」をもつ人も入塾してきます。それらの人には、応急処置を施して、落ち着いて塾の毎月のテーマに取り組めるようにしています。

その2 その事業は、他社ならば、もっと安く、速くできるか？

仮に現在の競合環境では、あなたの会社の商品や提供方法が群を抜いているとします。しかし、新たに参入してくる可能性はつねにあります。そこで、新規参入の可能性、他社の商品の改善・改良により、自社の優位性がなくなるリスクを考えておく必要があります。

さあ、いかがでしょうか？　どこが挑んできても大丈夫でしょうか？　それとも、「このような会社が本気になったらまずい」となるでしょうか？　まずいならば、早急に手を打つ必要があります。

その3　その事業は、AI・ロボットなら、もっと速く、安く、確実にやれるか？

ライバルは、人間だけではありません。規格品、大量生産品、ルーティンワーク、図面・会計処理といったデータ処理業務などは、人間よりもロボット・AI・コンピュータのほうが、速く・安く・確実にできます。

あなたの会社の仕事は、これらに置き換えられる可能性がありませんか？　もしそうだとしたら、**人手をかけて付加価値をつけられるか**を考えてください。規格品や量産品にひと手間かけることによって、AI・ロボットとの競争を避けることができます。

藤屋式ニッチ戦略塾・塾生の寺田昭夫さんの会社（株式会社デザートプラン／兵庫県尼崎市／従業員11名／パート70名）は、アイスクリーム類や冷凍菓子のOEM（受託製造販売）をしています。同社には、洋菓子製造のキャリアをもつ社員がいて、アイスクリーム類や冷凍菓子のトッピングの一部を手作業で行っています。この工程は、アイスクリーム類や冷凍菓子業界では非常識です。しかし、洋菓子ではごく普通に行われています。

同社はこの手作業のおかげで、ロボット化が進んでもロボットに仕事を奪われることはありません。逆に、ロボットを導入すれば生産性が上がるうえに、手作業の工程がさらなる付加価値を生み出すことでしょう。

この独自性を、寺田さんの会社では「イチゴという素材」「京都・銀座・北海道という地域ブランド」に絞り込んで、他社がマネしたくない仕組みでつくり上げています。

その4 あなたの会社の事業は、独自化（または差別化）できているか？

あなたの会社の提示した価格が通るかどうかは、独自化や差別化で決まります。競争環境に身を置いている商品やサービスは、限りなく原価近くまで価格は下がるでしょう。しかも、あなたの会社の原価ではなく、もっとも安く製造や仕入れをしている会社の原価にまで下がるのです。そうならないためにも「生態的ニッチ（非競争）」で、占有できる市場を確保してください。

なお、**「生態的ニッチ」はニーズがあるのにどの会社も対応していない分野、対応しているが十分にお客様のニーズに応えきれていない分野にあります。**つまり、事業者側の論理で、市場規模が小さすぎる、業界の非常識、儲かりそうにない、めんどうくさいなどの理由で放置または軽視されている分野です。

その5　あなたの会社の事業は、儲かると知られたらマネされるか？

ほとんどの会社は、自ら未知の領域に先頭を切って入っていくリスクを避けようとします。しかし、儲かるビジネスだとわかると、雨後の筍《たけのこ》のように他社が参入してきます。

一方、市場に魅力がない、業界の非常識、他社からは儲かりそうに見えない、めんどうくさそうであれば放っておいてもらえます。じつは、これらの**「マネしたくないこと」こそ、小さな会社にとって、最良のマネ防止策（参入障壁、独自化の方法）なのです。**

基本的に、誰かにできたことはほかの人にもできます。ですから、他社に「できないこと」で独自化や差別化しようと考えないことです。独自化のポイントは「マネしたくない」です。

その6　では、どうするか？

これら5つの質問に答えることで、現在の事業がどのような状況にあるかを確認できたことでしょう。そして、ようやく6つ目の質問である、「では、どうするか？」を発する状況が整いました。

「では、どうするか？」を含めた6つの質問は、これまで漠然と考えてきたかもしれません。あるいは、これらの質問に正面から向き合ったことはなかったかもしれません。

実際に自問自答してみて、いかがでしたか？

「大丈夫、しっかりやっている」と感じたでしょうか？　それとも、「先行きが急に不安になった」でしょうか？

いずれにしても、現在地からしか、目的地には行けませんので、スタートまたはリ・スタートするために、よい機会になったはずです。

図7 現在の事業の有効性を確認する

マズローの欲求の5段階説の、
どの欲求に対応しているか？

あなたの会社の事業は、
他社ならば、もっと安く・速くできるか？

あなたの会社の事業は、AI・ロボットなら、
もっと安く・速く・確実にできるか？

あなたの会社の事業は、
独自化や差別化できているか？

あなたの会社の事業は、
儲かると知れたらマネされるか？

では、どうするか？

3

「事業」を決定する3つの選択基準

売上の可能性／規模性

市場のニーズを細かく分けていくと、いくつかの手薄な市場、手つかずの市場が見つかります。小さな会社がすべてのニーズに応えることは、ヒト・モノ・カネ・時間の面から不可能ですから、それらのなかから、対象とする市場を特定します。そのときの選択基準は3つあります。

第一は、**売上の可能性**です。自社の望む売上を上げられるかどうかです。大きすぎると、魅力的な市場ということで大手企業も関心を示します。したがって、**自社には十分だが、大手には小さい市場を選択します。**

利益の可能性／収益性・有意性

他社が入ってこなくても、あなたの会社が利益を出せなければ意味がありません。したがって、市場規模をざっと計算したうえで、どれくらいの価格で、どれくらいの売上があり、どれくらいの粗利益率、そして粗利益額が確保できそうかを概算ではじき出してみます。

これらの検討をしたうえで、その事業に取り組む価値があるのかを確認します。それで「価値がある」と判断したら、独自化や差別化の可能性を考える次の段階に進みます。

独自化や差別化の可能性／マネ防止性・優位性

最後に、市場を独占できそうか（オンリーワン）、少なくとも差別化できそうか（ニッチトップ）をリサーチしてみます。これも、あくまでも仮説です。すべてに通用することですが、新しいことは実際にやってみるまでわかりません。しかし、まったく新しい市場に飛び出していくのではなく、既存の市場を絞り込むだけですから、ある程度のメドが立つはずです。

4

「現在の事業の特徴」は何か？

次の質問に答えられると、「売れる仕組み」の骨格ができる

・お客様は、なぜあなたの会社から買わなければならないのか？
・お客様は、なぜあなたの会社を利用しなければならないのか？
・お客様は、なぜあなたの会社が提示した金額を支払わなければならないのか？

これらの質問に、ちゃんと答えることができると、売上も粗利益率もしっかり確保する**ことができます**。しかし、これらの質問に答えることができなければ、独自化も差別化もできていないということです。したがって、あなたの会社が提供している価値を、市場やお客様に伝えることができません。

ただし、ごくまれに、独自化や差別化ができているのに自分たちだけが気づいていない

ことがあります。売上や利益がある程度出ていれば、お客様にあなたの会社の魅力を聞いてみてください。

新しい視点、新しい切り口でアプローチしているか？

既存の商品でも、新しい視点や切り口でアプローチすると、まったく別の商品になります。たとえば、ソロバンは計算機としては絶滅しましたが、脳トレ用（高齢者の認知症予防や子どもの育脳）の考具《こうぐ》として生き延びています。一方、同じ計算機でも、計算尺は新しい視点や切り口をもつことができなかったため、市場から淘汰《とうた》されてしまいました。

また、エスエス製薬に「ハイチオールC」という薬があります。以前は、「ハイチオールC」は倦怠や滋養強壮の薬として売られていたのですが、シミやそばかすにも効くことがわかり、今では主に美容関連の薬として売られています。これも、新しい視点、新しい切り口でアプローチしたことでよみがえった商品の1つです。

現在のセールスポイントは今後も有効か？

「セールスポイント」とは、特徴・違いのことです。特徴は、ニーズがなくなったり、類似品が出てきたりすれば、特徴ではなくなります。あなたの会社の商品や提供方法も例外ではありません。**つねに、特徴がなくなる日がくることを考え続けてください。**

さて、あなたの会社の商品や提供方法は、今後も特徴であり続けられるでしょうか？

5

「現在の事業とお客様」に関する基本的な質問

「お客様の購買行動の理由」を本当にわかっているか？

お客様は、あなたの会社と他社を使い分けているかもしれません。また、消去法であなたの会社から買っているため、新しい会社や商品ができると、試しにそれを買うのかもしれません。反対に、ファンや信者のような存在のお客様が、あなたの会社を支えてくれているのかもしれません。

「お客様の購買行動」を理解していないと、新しいお客様を獲得することも、流動的なお客様をファン化・信者化することも、熱心なファンや信者になっていただくこともできません。

あるお店の「店主が考える特徴」と「なじみ客の本音」

お客様の購買行動を理解するとともに、**「あなたの会社から買ってくれる本当の理由」を確認しなければなりません。**

ある小料理店は、ご主人の料理が自慢でした。しかし、なじみのお客様にお店に通う理由を尋ねると、「女将さんの接客に癒《いや》される」という答えでした。もしかすると、本物のグルメが通う店以外は、味つけや素材は二の次かもしれません。常連のお客様にとっては、「居心地のよさが一番のごちそう」ということも考えられます。

このように「お客様があなたの会社で買ってくれる本当の理由」を知ることは、ビジネスモデルをつくるうえで、もっとも重要なことです。

どのような状況になれば、買ってくれなくなるか？

あなたの会社で買ってくれる理由を知るだけでは不十分です。買ってくれる理由があれば、**買ってくれなくなる理由**もあるはずです。その理由を知らなければ、失客を防ぐことはできません。

失客の原因は、あなたの会社にだけあるとは限りません。よりよいもの・より便利な方法が他社から提供されるようになれば、何の前触れもなくお客様は離れていってしまいます。

そうならないためにも、**同業他社の動き、新規参入者の可能性、代替品の可能性などに目を光らせておいてください。**

「お客様が強く願っているのに、提供できていないもの」は何か？

お客様が強く願っているのに、提供できていないもの。これがわかると失客を防ぐとともに、普通のお客様をファン・信者にすることも可能です。また、それを望んでいる同じようなお客様（類は友を呼ぶの類友）を新たに獲得することも可能です。

たとえば、生花の市場は右肩下がりです。しかも、購入者の中心は60代以上となっており、将来的にも厳しい状況です。このような経営環境にあるため、どの生花店も売上を伸ばすことに苦慮しています。

このような生花店（お客様）が強く願っているのに、卸売業者が提供できていないものは何でしょうか？　いうまでもなく**売れる商材**です。どの卸売業者も、生花全般を取り扱っており、自分のところでしか取り扱えない生花はほとんどありません。つまり、差別化ができないのです。

これよりも、少しマシなのが生花店向けの雑貨（花器やリースなど）を卸している業者です。創意工夫の余地があるからです。しかし、売れる商材を提供できているところはほとんどありません。

ニッチ戦略士養成講座の塾生・飯田章貴さんが経営する株式会社Ｐａｓｅｏ（愛知県名古屋市／従業員９名／パート１名）は、「花風水（花で風水をつくり出す）」という新しい商材を持ち込みました。

「花風水」とは、見て楽しむものだった花を、運気ごとにもっとも適した方角に、もっとも適した色の花を飾ることによって開運グッズの要素を加えるというものです。「花風水」は商標登録されており、同じ名称を使うことはできません。また、「花風水」の商標所有者から使用権を認められており、現在のところ使用権をもっているのは同社だけです。

この商材によって、飯田さんが本格的に販売し出した２０２０年は３０００万円の売上をつくることができました。これは生花店にとっては仕入れ値ですから、生花店（市場）側からすれば、３０００万円以上の新しい商材の提供を受けたことになります。

あなたの会社で、どんな状況でも変えたくないものは何か？

なぜ、ベンツやBMWのような欧米車よりも高機能な日本車を低価格で売らなければならないのでしょうか？　それは欧米車は「文化」を売り、日本車は「機能」を売っているからです。

ともに「価値」を売っているのですが、「文化」は嗜好《しこう》の対象ですから競争にはなりません。好きか嫌いかです。ところが「機能」は比較対象が可能です。しかも、自社にできることは他社にもできます。そうなると、おのずと原価に「控えめな利益」を上乗せして販売せざるをえません。

つまり、**「品質の定義」が違うのです。**欧米車は自社の「らしさ・こだわり・独自性」を品質と定義しているのに対して、日本車は「正確性、精密性など」を品質としているので、特徴といえるものがありません。というのも、他社でヒット車が出ると、ひどいときにはミリ単位まで同じ車をつくってしまうからです。

あなたの会社は、どんな「価値」を売っていますか？　また、これからは「文化」と「機能」のどちらを売りたいと思いますか？　これらを決めたうえで、どんな状況でも変えたくないものをあげてみてください。

それを、お客様は評価しているか、その根拠は何か?

「変えたくないものは何か?」と質問しましたが、何でもいいわけではありません。たとえニッチな市場であっても、**変えたくないあなたの会社「らしさ・こだわり・独自性」**を評価してくれる人がいないとビジネスとして成り立ちません。

そのためにも、**「対象とするお客様」を特定し、そのお客様たちが評価してくれる根拠を言葉化すること**です。言葉化しないと、それを検証することもできないからです。

図8　「現在の事業とお客様」に関する基本的な質問

お客様の購買行動の理由を、
本当にわかっているか？

どのような状況になれば
買ってくれなくなるか？

お客様が強く願っているのに、
提供できていないものは何か？

あなたの会社で、どんな状況でも
変えたくないものは何か？

それを、お客様は評価しているか、
その根拠は何か？

答えられない質問があれば、「伸びしろがある」ともいえる

6

「環境変化」への対応が必要かどうかを知る

これまでの質問は、社内に関することでした。ここからは、「経営環境」に関する質問です。

「現在の事業」は現状維持でいいか？

事業は、市場やお客様の「ニーズに応えること」と「ニーズをつくり出すこと」で成り立っています。これら2つのニーズは、環境によって変化していきます。そこで、次の3つの質問が重要になるのです。

・「現在の事業」は時代のニーズに合っているか？
・「誰に・何を・どのように」という、3つの基本を変える必要はないか？

・基本は変える必要がないとして、「ビジネスモデル（儲かる仕組み）」を微調整する必要はないか？

既存のお客様を対象にしたままで、生き残れるか？

コロナ・ショックの前と後では、企業行動も消費行動も変わりました。とくに都心部では、それが顕著です。それに伴い、産業構造と市場構造も変化しています。これらの前提になる**「生活者としての価値観」**も大きく変化しています。そのため、この項の質問が重要になるのです。

ドラッカーは、**「お客様が事業である」**といっています。そのお客様の価値観が変わっているのです。ですから、次の質問が重要になってきます。

・**お客様の買い方に変化はないか？**
・**今までと同じ金額、同じペースで買っているか？**

もし、変わりがなければ、これまで通りのお客様を相手にしたビジネスモデルでも、食べていける可能性はあります。

「YES」ならば根拠は何か?

事業の内容は変える必要がない。お客様も現在のままでいい。これが事実ならば、「YES」が正解です。ただし、**「変化は既存のお客様以外から起こる」**という現実は忘れないでください。

市場でのシェアから考えても、あなたの会社の市場シェアが50%以下ならば、非顧客のほうが多いことになります。変化に敏感なお客様を対象にしているのであれば別ですが、そうでなければ既存のお客様以外から変化が起こると考えてよいでしょう。

たとえば、現在の産業構造と市場構造の変化は、アメリカと中国から起こる可能性が高くなっています。そのアメリカと中国で、あなたの会社の商品や提供方法に関連する変化は起こっていませんか? 起こっているとすれば、「現在のビジネスモデルを変える必要がない根拠」がなくなります。

「NO」ならばどうするか？

「NO」であれば、すぐに手を打たなければなりません。起こってほしいことは遅れて起こりますが、起こってほしくないことは早めにやってきます。ですから、対応には交通標語の**「まだ大丈夫は、もう危ない」**を適用してください。

いざ危なくなって、あわてて対応すれば損をするだけです。したがって急ぐ必要があります。なお、他社への追随はNGですが、環境変化への対応で参考になる他業界の会社はあります。それを**創造的にマネしましょう。**

CHAPTER 4

明確な「コンセプト」を打ち出す

あらゆる企業が自らの事業についての定義、すなわち事業とその能力についての定義をもたなければならない。そしてあらゆる事業が代価の支払いを期待できる貢献を描かなければならない。＝中略＝意思決定を行う人たちが、いかに事業を見、いかなる行動をとり、あるいはいかなる行動を不相応と見るかを規定する定義というものがなければならない。事業の定義が市場に供給すべき満足やリーダーシップを保持すべき領域を規定する。

『創造する経営者』

1

小さな会社にも「コンセプト（事業目的）」は必要

「コンセプト」を決めて、ビジネスモデルを設計していく

コンセプトとは、「誰に」「何を」提供するのかを明らかにするものです。「事業目的」と言い換えてもいいでしょう。「誰に」が決まらないと、「何を」を決めることができません。「誰に」の前には、「なぜ」「何のために」という事業方針を決めておかなければなりません。また、利益の源泉になる「自社の強み」も特定しておかなければなりません。

しかし、平均的な能力の人たちがチームをつくって、1つの仕事に取り組むときは共通認識がないと、いい仕事はできません。たとえば、能力が高い人たちがセッションするジャズバンド型組織ではなく、ブラスバンドやオーケストラのように楽譜によって各メンバーが自分の役割を演じられるようにするのです。楽譜がなく、それぞれのメンバーが好き勝手な音を出すと、音楽ではなく雑音や騒音になってしまいます。

つまり、ビジネスモデルを設計するのは、楽譜を書くのと同じなのです。楽譜があれば、能力に差があっても、同じ曲を奏《かな》でることができるようになります。あなたの会社には、楽譜にあたる経営方針や事業のコンセプト、経営計画、行動計画がありますか？　なければ、すぐにつくってください。

優劣を競うのではなく、他社との違いを打ち出す

「新しい着眼点（他社との違い）」を打ち出すのがコンセプトです。前述したようにコンセプトは「誰に」「何を」でつくります。

コンセプトとは、車におけるカーナビのようなものだと思ってください。カーナビが登場する前は、地図と道路の案内板を頼りにドライブしていましたが、カーナビがあると工事中や渋滞などのトラブルを回避して、よりスムーズに目的地にたどり着くことができます。コンセプトのない会社は、カーナビがないドライブを強いられるようなものです。現在地がわからず、ゴールを定めているけれど、そのゴールがどこにあるかハッキリわからない状態です。

競争しないためには、「お客様ニーズを絞り込む」「特徴を他社と異質なものにずらす」

ことです。このように、コンセプトを「生態的ニッチ」の観点でつくり、それに沿ってビジネスモデルをつくれば、価格競争や過度のサービス競争を回避することができます。

既存のビジネスモデルからコンセプトをつくる

本書の対象読者は、小さな会社の経営者です。会社によっては、すでに「継続して儲かるビジネスモデル」ができているかもしれません。そのときには、**現在の事業を「誰に・何を・どのように」の視点から分解してみてください。**そうすると、あらためて「自社の強み」「他社との違い」「得意先に支持されている理由」などが明らかになります。

明らかになった理由をメッセージとして発信すると、見込み客を「新規客」として獲得することも可能になります。

たとえば、本のカバーのように、発信したいメッセージがひと目でわかるようにするためにも、コンセプトを打ち出し、タグラインと3つの魅力を発信してください。そうすると、買っていただきたい理想的なお客様（ペルソナ）に、「自分のためのメッセージだ」「これこそ、求めていた商品や提供方法だ」と気づいてもらえます（詳しくはPART2で解説します）。

2

「よいコンセプト」5つの条件

革新性がある

他社と同じような商品やサービスを、同じような方法で提供するのであれば、あなたの会社から買ったり、利用したりする必要はありません。**既存のものとは違う特徴（革新性）があるからこそ、あなたの会社から買う必要が出てくるのです。**

藤屋式ニッチ戦略塾では毎月、塾生に「お客様は、なぜ、あなたの会社から買わなければならないのですか？」「お客様は、何に対してお金を支払わなければならないのですか？」「お客様は、なぜ、あなたの会社が提示した金額を支払わなければならないのですか？」と質問しています。この質問に答えることができると、独自化や差別化が図れるからです。

戦略性がある

コンセプトをタグラインとして、そのまま使うこともあります。しかし、コンセプト＝タグラインではありません。**「コンセプト＝事業目的」**であり、戦略性をもっています。

一方のタグラインは、「その企業がどんな価値を提供しているか」を伝える宣伝文句です。たとえば、ローソンの「マチのほっとステーション」、ニトリの「お、ねだん以上。」、スシローの「うまいすしを、腹一杯。」などです。聞いただけで提供する価値がイメージできますね。

共感性がある

対象にしたいお客様から「その通り！」と共感してもらえなければ、関心をもってもらえませんし、買ってもらえません。したがって、コンセプトには「共感性」が欠かせません。ただし、万人に共感してもらう必要はありません。対象にしたいお客様だけに共感してもらえれば十分です。

図9 「よいコンセプト」5つの条件

1	革新性がある
2	戦略性がある
3	共感性がある
4	個性がある
5	あなたの熱い想いを表現できている

個性がある

「個性がある」とは、ほかのものと違う（独自性や差別性がある）ということです。商品や提供方法のもとになっているコンセプトに個性がなければ、違いなど出てきません。

あなたの熱い想いを表現できている

コンセプトは美辞麗句を並べても、対象とするお客様の心には響きません。コンセプトのポイントは、「自分に何をもたらしてくれるメリット・魅力なのか」をお客様に伝えることができるかどうかです。そのためにも、まずあなたの熱い想いが入っていなければ、対象とするお客様に共感してもらうことはできません。

3 「コンセプト」10のチェックポイント

実際につくった「コンセプト」がお客様に響くかどうかをチェックするポイントが10個あります。これらの質問に、答えてみてください。

10個のチェックポイントについて、藤屋式ニッチ戦略塾・塾生の浅見一志さんが経営する、電動車いすを専門に製造販売している会社（車いす工房 輪《りん》／東京都東村山市／従業員4名）の事例とともに解説します。

その1 ニーズはあるか？

最初のチェック項目は、ニーズ（買いたい人）についてです。ニーズがなければ売れません。まず、障がいがあり、かつ、電動車いすでなければいけない人がいますので、ニーズはあります。

その2　主張がシンプルでわかりやすいか？

表現で、もっとも重要なのはシンプルさです。同社の「障がいや生活スタイルは人それぞれ。今ある電動車いすのなかから選ぶだけではなく、自分に合うものを一緒につくっていく。お客様1人ひとりに合わせた、世界に1台だけのオンリーワンを提供する」という主張は、明確でわかりやすいものです。

この背景にあるのは、電動車いすは、じつはパターンオーダーメイドがほとんどであって、フルオーダーメイドではないという現実があります。したがって、他社のパターンオーダーメイドの電動車いすに長時間乗ると苦痛を伴います。

その3　ペルソナへの新しい提案になっているか？

パターンオーダーメイドの電動車いすはありますが、ジャストフィットする電動車いすはないので、新しい提案になっています。

その4　記憶されるか？

どんなにシンプルでも、覚えてもらえなければ意味がありません。そこでシンプルさの次は、記憶されるかです。大きな会社のように、ふんだんにお金をかけてテレビCMを流せるならば別ですが、**一度聞いたら・見たら忘れないくらいの表現**を考えなければなりません。まさに「金がなければ知恵を出せ」です。

同社は今、動画とブログで情報を発信しています。動画ではジャストフィットした電動車いすに乗って、自立的に動けるようになったユーザーの動きやコメントが紹介されています。またブログの執筆は、重度の障がいをもちながら同社の電動車いすによって自立しているお客様にお願いしています。したがって、臨場感があり、すべての人の記憶に残るといっても過言ではありません。

その5 戦略的なイメージか？

戦略の3つの要素は「市場」「商品」「流通チャネル」です。同社が対象にしている市場(ニーズ)は、障がいが重い人のための電動車いす市場。商品は、1人ひとりのお客様にジャストフィットする電動車いす。流通チャネルは、病院や施設経由もありますが、基本的には口コミや紹介、インターネットやSNSでの直接販売です。

小さな会社では単一事業がほとんどですから、弊社（藤屋ニッチ戦略研究所株式会社）のコンセプト「リスクなしの値上げ戦略の普及」くらいの具体性があったほうが、社内の意思統一も図りやすいし、対象とするお客様にも伝わりやすくなります。

その6　ほかと明確な違いができているか？

たとえば、パターンオーダーメイドの電動車いすは既存部品の組み合わせでつくりますが、同社の電動車いすは、部品がなければ、必要な部品をつくるところからはじめます。そのため、フィット感に明確な違いが出てきます。

その7　共感できるか？

「よい・悪い」と「共感できるかどうか」は別次元の話です。共感できるかどうかは、相性の問題だと考えてもよさそうです。では、誰との相性を意識すればよいのかという話になります。

ここでもやはり「誰に」がポイントになります。自社の望む条件で買ってくれるお客様像を「ペルソナ」といいますが、**そのペルソナに共感してもらえるようなコンセプトであるかどうか**を再度確認してください。

同社の事業のコンセプトは、「オンリーワンのモノづくりでお客様の『できる』を増やす」になっています。人の手を借りなければできなかった行動が自分1人でできるようになる商品の提供ですから、対象にしたいお客様には強く共感してもらえます。

たとえば、電動車いすによって室内での動きも1人でできる範囲が広がるため、ご本人にもご家族にも大変喜んでもらえます。お子様の動ける範囲が広がるのを見て、涙するご両親もいらっしゃるそうです。

その8　信じられるか？

どんなにすばらしいものでも、信じてもらえなければ買ってもらえません。人間関係が信頼関係で成り立っているのと同じように、**商品やサービスも会社とお客様の信頼関係を前提に成り立つものです。**したがって、コンセプトも大言壮語で詐欺的なにおいのするものはNGです。心から信じられること、実行可能なことを表現してください。

同社の電動車いすは、試乗会や実際にお客様が乗っているYouTubeの動画で紹介しています。また、コミュニティもあるので、そのなかでの口コミや紹介もあり、信じてもらえます。

その9　イメージアップにつながるか？

ウケ狙いや注目を引くためだけのコンセプトは通用しません。そもそも、そういうものはコンセプトとはいえません。

また、短期的に集客できたとしても、一過性のコンセプトでは意味がありません。中長期的に自社の事業のイメージをアップし続けられると思うコンセプトを作成してください。**優れたコンセプトは、あなたの会社のイメージを高める効果があります。**

同社の電動車いすに試乗した人、実際に購入した人の評価は上々です。他社では提供していないジャストフィットの電動車いすの会社として、知る人ぞ知る存在になりつつあります。

その10 社内の共有化がしやすいか?

どんなにすばらしいアイデアでも、社員がその気になって働いてくれなければ、事業として成立しません。したがって、コンセプトはお客様だけが共感してくれるものではなく、社員も納得して働いてくれるものでなければなりません。

世界で1つだけの電動車いすを提供し、提供したお客様に喜んでいただける商品の製造販売に携われるということで、コンセプトは共有できています。

図10 「コンセプト」10のチェックポイント

1	ニーズはあるか？
2	主張がシンプルでわかりやすいか？
3	ペルソナへの新しい提案になっているか？
4	記憶されるか？
5	戦略的なイメージか？
6	他と明確な違いができているか？
7	共感できるか？
8	信じられるか？
9	イメージアップにつながるか？
10	社内の共有化がしやすいか？

CHAPTER 5

「特徴」を打ち出す

利益とは、意味ある分野において、独自の貢献あるいは少なくとも差別化された貢献を行うことによって得る報酬である。そして、何が意味ある分野かは市場と顧客が決定する。すなわち利益は、市場が価値ありとし、進んで代価を支払うものを供給することによってのみ得ることができる。

『創造する経営者』

1

小さな会社は「万人受け」では特徴を打ち出せない

そもそも、万人受けは現実的か

ブランドが好きという人がいる一方で、ブランドが嫌いという人もいます。また、甘いものが好きという人がいる一方で、甘いものは嫌いという人がいます。あるいは、にぎやかなところが好きという人がいる一方で、静かなところが好きという人がいます。

万人受けする商品やサービスとは、このような相反する人たちすべてに買ってもらえる商品やサービスでありたいと願うことです。ありえませんね。

しかし、小さな会社の経営者で、「○○の人向けの商品やサービスです」という人はほとんどいません。逆に、「できるだけ多くの人に買ってもらいたい」と無意識のうちに万人受けをねらっています。それが、商品や提供方法で特徴が打ち出せない根本的な理由です。

一点を照らす「スポットライト」の発想

マネジメントの父といわれたドラッカーは「選択と集中をしなさい」といい、マーケティングの父といわれているコトラーは「ターゲティングしなさい」といい、ポジショニング戦略で著名なコンサルタントのライズは「フォーカスしなさい」といい、比叡山延暦寺の開祖である最澄《さいちょう》は「一隅を照らす者でありなさい」と教えました。表現は違いますが、いずれも「万人受け」とは反対の考え方です。

トヨタ自動車のような世界有数の会社でさえ、基本的には自動車だけしかつくっていません。したがって、トヨタ自動車ほどの経営資源（ヒト・モノ・カネ・ノウハウ・時間）がない、小さな会社が多角化を進めても、高収益会社にはなれないと腹をくくることです。

限定的な市場（ニーズ）に焦点をあて、そこをスポットライトで照らすような強いメッセージを発信できるビジネスを展開するのです。言い換えると、マニアックな人に、ファンや信者になってもらえるような商品や提供方法を設計し、メッセージを発信し続けるくらいの気持ちで、対象とするお客様のためだけのビジネスを展開するのです。

藤屋式ニッチ戦略塾・塾生の本間裕美さん（みらい共同法律事務所／北海道札幌市）は、地方都市では珍しく「中小企業の経営者のための労働トラブルの防止と早期解決のサポート」に特化した弁護士です。札幌市の市場規模で、これだけ明確に事業内容を絞り込んだ弁護士はいないでしょう。

本間さんは、厚生労働省のキャリア組から弁護士に転職した異色の経歴をもっており、法律をつくって運用する立場にいたので、労働法規を熟知しています。その強みを活かして、弁護士としてのサービスメニューを絞り込んだことが功を奏しました。そのため、さまざまな人から紹介をいただけており、創業から3年間の売上は、きわめて順調に推移しています。

小さな会社は、欲張ってすべてのニーズに対応しようとしても実現は不可能です。それよりも、100人に1人、1000人に1人にお客様になってもらえることを考えましょう。そのために、**1%、0・1%の人にトコトン満足してもらえる商品や提供方法に変えてください。**それでファンができ、さらに信者にまでなってもらえると、粗利益率も売上も上がります。

2

「事業の特徴」を打ち出す

これまでのビジネスモデルが通用しなくなった

これまで、ほとんどの会社は機能・品質・納期・価格のどれか、あるいは、これらの組み合わせで勝負してきました。しかし、これからは、リーズナブルな価格で、ほどほどの機能・品質・納期の商品というだけでは、たんに市場への入場券を手にしただけになります。

もちろん機能・品質・納期を疎《おろそ》かにしてよいということではありません。機能・品質・納期・価格は、「必要条件」になったのです。今後は、これらをクリアしてから、**言葉としては表しにくい体験価値、買いやすさ、イメージなどで勝負するようになります。**いえ、これらを打ち出せると、他社の商品と勝負する必要がなくなります。これが「十分条件」です。

事業戦略の本質は、他社と優劣を競うのではなく、他社との違いを打ち出し、競争する必要がない状況をつくり出すことです。機能・品質・納期・価格は、比較検討が可能ですので優劣がハッキリ出ます。

もちろん、これらのなかでダントツに抜け出すことができれば、強力な武器になります。たとえば、他社がマネできない超単機能・超多機能、超高品質、超短納期、超高価格・超低価格であれば、それを求めるお客様にはとても魅力的です。しかし、そのような特徴がなければ、体験価値、イメージなどの組み合わせで特徴を打ち出してください。

「商品」で特徴を打ち出す

商品の仕様（スペック）は、機能・品質・デザイン・成分／素材などです。これらすべてで特徴を打ち出そうとすれば、コストによって自らの首を絞めかねません。

そこで、小さな会社は、対象とするお客様を絞り込んで、そのお客様層がもっとも重視する要素について独自化レベル、あるいはダントツの差別化レベルで打ち出せると、ほかの要素が業界標準レベルでも、十分に魅力的な商品になります。

「提供方法」で特徴を打ち出す

提供方法には、次の9つの要素があります。これらのうち、「独自化レベル」を1つ、「差別化レベル」を1つ、残りは「標準レベル」になるように各要素を定義してください。

・お客様の範囲・区分をどうするか？
・数量を無制限にするか・限定的にするか？
・対応時間をどうするか？
・納期をどうするか？
・商圏を限定するか？
・付帯サービスを何にするか？
・販売方法はセルフ・対面・ネットをどう組み合わせるか？
・どのようなコミュニティをつくるか？
・流通チャネルは直販・卸売・OEM（受託製造販売）のどれにするか？

これら9つの要素によって、他社と戦わずにすむ特徴を打ち出すことができます。これらの選択も、対象とするお客様を絞り込むことで、より特徴を打ち出すことができます。

「価格」で特徴を打ち出す

「価格で特徴を打ち出す」というと、すぐに低価格を連想します。しかし、**仕入れ価格を引き下げることができない小さな会社では、高価格にすることで特徴を打ち出す必要があります。**そうしないと、自社の利益を減らすことになってしまうからです。

高価格の魅力は、世の中の人がもっている「高い＝よい」というイメージ（常識）を活かせることです。値上げすることで、この常識を使うことができます。それが、私が値上げを勧める理由の1つでもあります。したがって、「よいものは高い」という世の中の常識にのっとって、高価格で売ることで特別感を打ち出してください。

「体験価値」で特徴を打ち出す

あなたの会社が提供する商品や提供方法は、「お客様満足」の手段にすぎません。お客様は、あなたの会社の商品を買うことで自らの問題が解決し、そのプロセスや結果で満足するのです。したがって、**商品だけでなく提供方法でも体験価値を高めることができます。**

たとえば、美容室で考えてみましょう。一般的に、美容室の競争要因は技術・立地・価格といわれています。しかし、ある人が髪型を変えると「髪型を変えた？」と気づいてもらえますが、美容室を変えたとしても「あら、あなた、美容室を変えた？」と聞かれることはほとんどないでしょう。

それは、技術については美容師たちが考えるほど特徴にはなっていないという証拠です。もちろん、カリスマ美容師というブランドができ上がっていれば話は別です。また、お気に入りの美容室であれば、立地は気にしません。立地にこだわるのは、便利さを求めるからであり、ほかに特徴がある美容室が見あたらないからにすぎません。あるいは、価格が気にならないほど特徴がある美容室がないから、安いほうにしているだけです。

居心地がよい美容室があったり、自分好みの接客をしてくれたり、自己表現の欲求を満たしてくれる美容室があれば、お客様はそこになびきます。

藤屋式ニッチ戦略塾・塾生の築林篤司さんが経営する美容室のアン（大阪府堺市／9店舗／従業員80名）は、シャイなお客様に、ほかの美容室にはない心地よい体験をしてもらうことで、ファンになっていただいています。サロンの1つである、ancoでの体験に感激したお客様からのお礼メールを紹介しましょう。

先日、中百舌鳥《なかもず》のancoさんでカットをお願いしました。素晴らしい接客、技術に、本当に感動し、こちらにメールをさせていただいております。

きっかけは、カットをお願いする前日に、コタのヘアオイルの取り扱いがあると知り、購入に行ったことです。そのときのスタイリストさんたちの対応や笑顔、接客にとても好感をもち、扱いに困っていた髪を少しでもきれいにしたいと、次の日にカットにうかがいました。

以前にも前髪カットのみでうかがったことがあったのですが、そのときは私の年代からすると少し若々しい雰囲気の美容院かなという印象でした。それから月日が経ち、リニューアルされたとのことで、ガラッと雰囲気が変わったように感じました。

このご時世、感染の心配もあるところ、感染防止対策が徹底されていて、とても行き届いていると感じ、それも客をいっさい不愉快にさせることなく、検温や消毒、マスクの交換などをスムーズにされていたことが「すごい！」と思いました。

カウンセリングでは、スタイルや髪の状態でどのような悩みをもっているのか、親身になって聞いてくださり、思っていることを伝えやすかったです。私の希望のスタイルや、ライフスタイルを見据えての提案などもしてくださって、本当にこれほど信頼してお任せできた美容院、スタイリストさんはこちらに巡り会うまでなかったです。

カウンセリング後、きちんと施術料金の説明と提示があったことも、一見当たり前のように見えますが、できていない・やっていない美容院が多いなか、こちらはそこもきちんとされていて、客の立場からすると大変良心的です。これも、スタイリストさんと客の信頼関係のうちの1つにつながると感じました。挨拶、感染対策、接し方、話の聞き方、距離感、すべてにおいて感動いたしました。

また、技術面でも、少しカットしたり毛量調整するだけで、こんなにも変わるのかと、今までの美容院でのカットやカラーは何だったのだろうと思うほど、感動しています。技術保証があるところも、それだけ客のことを考え、そして技術に自信をもたれている証であると思いました。

これまでいろいろな美容院を転々としてきました。もともと美容院に行くのが好きなので、自分に合ったお店を開拓するのも楽しみの1つだったのですが、逆にいえば、転々としてしまうのは自分に合う美容院・スタイリストさんに出会えなかったことも理由の1つです。

他店を悪くいうつもりはないのですが、挨拶が適当だったり、カウンセリングで自分のいいたいことがいえない雰囲気だったり、カラーなどで指名したにもかかわらずアシスタントさんに任せっきりだったり……仕上がりが思った色と違う、カットはもう少し切ってほしかったのに……など、なかなか思い通りにならないことが多かったです。もっと早くにancoさんにお願いすればよかった……と、今はそんな思いでおります。

担当してくださった小夏さんは、とても気配りのできるスタイリストさんでした。技術も素晴らしく、シャンプーも丁寧で、これからもずっとお願いしたいです。今、円形脱毛が2か所あり、そのこともカットするにあたって相談させてもらいました。そのときにも、とても親切な対応をしてくださり、こういう気遣いというのは、マニュアルや教育だけでできるものではなく、心からのその方自身の対応なのではないかと感じております。

小夏さんをはじめ、そのほかのスタイリストさんたちも優しい方ばかりで、みなさんの雰囲気が、お店自体の温かい空間をつくり出していると感じ、ずっとずっと通いたい美容院に出会えた喜びでいっぱいです。本当にありがとうございました。技術、接客、サービス、雰囲気、信頼……すべてにおいて感動しています。ありがとうございました。これからもよろしくお願いいたします。心からお礼を申し上げます。

このような美容室が流行《はや》らないわけがありませんよね。

「買いやすさ」で特徴を打ち出す

インターネットで買い物をするときに、待たされたり、何度もクリックしなければならないことがあったりすると、そこで買おうとは思わなくなります。反対に、ほしい商品の売り場がわかりやすく、すぐに買えたり、Amazonのようにワンクリックで買えたりする便利さは武器になります。

便利さは武器になります。

またAmazonのように、お客様の利用履歴から別の商品を提案してもらえれば、買いやすくなります。あるいは飲食店でも、なじみの店に行くのは、お気に入りの料理やお酒を覚えていてくれて、めんどうくさい注文をしなくてもすむからです。

品ぞろえを「ウリ」にしている会社もありますが、日用品であれば、選択肢が多すぎると選択するのがめんどうになり、買うのをやめてしまうという消費者心理が働きます。ある実験では、6種類の品ぞろえだと売上は伸び、20種類以上にすると選ぶのがめんどうになり、買うのをやめる人が増えました。「過ぎたるは及《およ》ばざるが如し」というわけです。

したがって、専門店だからといって、品ぞろえを増やしさえすればよいというものではないことも覚えておいてください。**専門店の特徴は、対象にしたいお客様が、他店で買えない商品を、他店では体験できない接客で提供することで打ち出せます。**

「イメージ」で特徴を打ち出す

「通勤快足」や「まるでこたつソックス」という商品名の靴下があります。あるいは「鼻セレブ」という名のティッシュもあります。これらはヒット商品ですが、機能や品質においてほかの類似商品と比べて特別なものなのでしょうか。たぶん、そうではないでしょう。技術的にはそっくりそのままマネできるはずです。

しかし、「通勤快足」や「まるでこたつソックス」は、「足が蒸れやすい人」や「冷え性で指先が冷たい人」には飛びつきやすいイメージを表しています。また、「鼻セレブ」は、風邪を引いて鼻水が止まらない人、花粉症の人には多少高くても使いたいイメージのティッシュです。

つまり、**お客様はイメージで買っているのです。**したがって、一定以上の品質があれば、イメージアップにエネルギーを使ってください。

3

ポジショニングマップで「ポジション」を確認する

同じ象限には、自社のみが入るポジショニングマップをつくる

商品やサービスは、ほかとの違いを打ち出すことで存在意義が出てきます。「ポジショニング」とは、**商品・サービス・提供方法の特徴や違いを打ち出すことです。**

「ポジショニングマップ」の構造はきわめて単純です。縦軸と横軸を交差させてできた4つの象限に、自社と競争相手を位置づけるだけです。

これにより、自社を配置した象限に他社がいなければ独自化が図れたことになります。逆に考えれば、独自化できるように2軸のキーワードを決めればよいともいえます。

たとえば、藤屋式ニッチ戦略塾・塾生で弁理士の崎山博教さん（ザック国際特許事務所／大阪府大阪市／職員4名）は、「儲けさせてナンボの弁理士」を自認しています。

一般的な特許事務所は、特許が取れるかどうかで特許出願するかを判断します。しかし、同所は、依頼者が儲かるかどうかで判断します。

したがって、同所は特許が取れても儲かりそうにないときは、そのまま伝えます。反対に、特許が取れそうになくても、「特許出願済み」「特許出願中」で追随者を一定期間排除できそうなときには、特許申請を勧めます。

大企業の知財部門は特許取得が成果ですので、同所の考え方は歓迎されません。しかし、中小企業の経営者には、同所は「実践的な知財戦略だ」と喜んでもらえます。

図11　ザック国際特許事務所のポジショニング

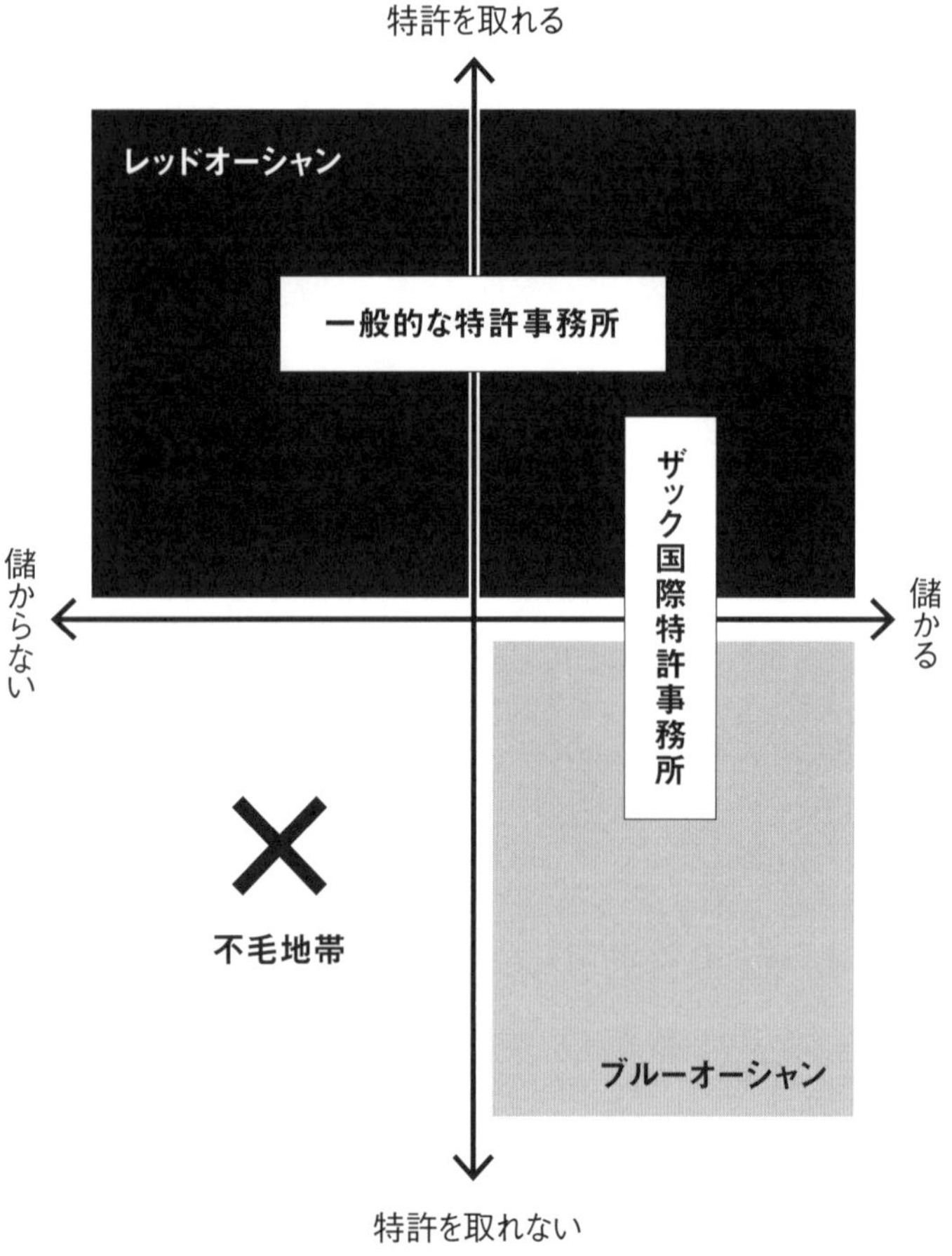

判断基準は5つの「マネ防止策（参入障壁）」

ポジショニングによって、競争のない市場を確保することができます。そのためには、マネできない環境をつくるのはむずかしいので、マネしたくない環境をつくらなくてはなりません。

マネしたくない方法は、「物理的には可能だが、情緒的にはやりたくないお客様ニーズに応えること」で実現できます。ただし、コストはかかるので、価格はそのぶん高く設定します。「マネ防止策」をつくる着眼点は次の5つです。

・相対的に小さな市場にする：大企業には魅力がない程度の市場規模をねらう
・業界の非常識なことをする：同業者が「バカな！」「いっていることはわかるけど、無理だね」と思うことをやる
・一見、儲かりそうにない方法でやる：他社からは儲かる仕組みがわからないようにする
・めんどうくさいニーズに応える：他社に「そこまでやるか！」といわせるようなことをする
・コミュニティをつくる：ファン化・信者化してお客様を囲い込む

図12 マネ防止策（参入障壁）の事例

1	相対的に小さな市場	**車いす工房 輪** イージーオーダーしかない電動車いす業界で、フルオーダーの電動車いすという超ニッチ市場に特化した（P77 参照）
2	業界の非常識	**ザック国際特許事務所** 特許が取れそうになくても儲かりそうであれば、特許出願し、審査期間を活用した参入障壁をつくる。特許が取れそうにないのに特許出願するのが業界の非常識（P100 参照）
3	儲かりそうにない	**北章宅建** 大手・中堅の不動産業者が進出しない小さな都市での店舗展開（P31 参照）
4	めんどうくさいことを徹底する	**緒方生コン（後述）** 他社がやりたがらない少量でも、遠くても、時間外でも、狭い道でも配送。また、毎月、お客様の作業効率アップと品質向上のための情報を載せたニュースレターを発行（P131 参照）
5	コミュニティをつくる	**京都ラッキーファミリー（後述）** トイプードルのブリーダーだが、ペットホテル、トリミング、24時間・365日の育犬相談などを徹底して行う（P155 参照）

4

小さな会社にかかる5つの圧力

「競争戦略」で知られるマイケル・ポーターの教えに、「5フォース（5つの圧力）」があります。それは、**新規参入者からの圧力、仕入れ先からの圧力、売り先からの圧力、代替商品からの圧力、既存の競合からの圧力**を意味しています。会社は、つねにこれら5つの圧力にさらされているというものです。心あたりがありますよね？

「新規参入者」からの圧力

ほとんどの業界は、つねに新規参入者からの圧力（脅威）にさらされています。たとえば、「Amazonの脅威」というのもそうでしょう。Amazonが参入してくる業界は、書店業界のように壊滅的な影響を受けるというものです。逆にAmazonが参入してこない業界は、やがてなくなる業界だからヤバイという見方もされます。

たとえば、呉服業界のような絶滅危惧業種には、新規参入してくる者はほとんどいません。新規に参入するほどの魅力がないからです。逆にいえば、外部から儲かる仕組みを見えないようにすれば、新たなライバルは現れないということです。

したがって、**マネしたくないような「生態的ニッチ」なポジション（立ち位置、特徴）をつくれば、新規参入者からの圧力を受けなくてすみます。**

「仕入れ先」からの圧力

そもそも「生態的ニッチ」で取り扱う商品は、ロットが小さいので力が強い会社から仕入れることはほとんどありません。したがって、仕入れ先からの圧力を受けることもありません。仮に圧力を受けて仕入れ価格が高くなったとしても、競争がない商品を扱っているので価格を上げて仕入れ価格を吸収することができます。

「売り先」からの圧力

特定顧客の特定のニーズに応えるのが「生態的ニッチ戦略」です。ほしい商品がその会社からしか買えないとなると、売り先から圧力がかかることはありません。「その条件なら、買っていただかなくて結構です」といわれたら困るからです。

「代替商品」からの圧力

代替商品からの圧力だけは、なくなることはありません。それは、**商品は「お客様満足」の手段にすぎないからです**。お客様が満足する代替品を予測することはできません。できることは、市場を注意深く観察することだけです。しかし、あなたの会社や商品のファンや信者になってもらえれば、代替商品からの圧力をなくすことができます。**ファンや信者は、機能や価格、便利さで買うのではなく情緒（心理的な魅力）で買うからです**。つまり、彼らがあなたの会社から買うのは「理屈ではない」のです。

「既存の競合」からの圧力

ほかとの違いを打ち出すのが戦略です。しかも、マネしたくない仕組みをつくるのが「生態的ニッチ戦略」ですから、既存の競合からの圧力は存在しません。

「5つの圧力」を回避する

「生態的ニッチ戦略」は、これらの5つの圧力とは無縁の事業展開をしようとするものです。

ですから、**「生態的ニッチ戦略」を採用する会社は、十分な粗利益率を得られる価格設定（値上げ）など、自社の望む条件で販売できます。**その結果、ドラッカーがいうように「優雅に暮らすことができる」ようになるのです。

また、「生態的ニッチ戦略」の採用は大企業にはできません。小さな会社だけの特権です。このような戦略を活用しない手はありません。**理想的な未来像を「生態的ニッチ戦略」で設計し、外部からの圧力がない環境で、「お客様満足」の仕組みをつくり上げ、その価値にふさわしい利益を確保しましょう。**

その成果を配分することで、社員、協力会社、地域、そしてあなた自身が経済的、心理的にも豊かになれます。

図13　5つの圧力を回避する

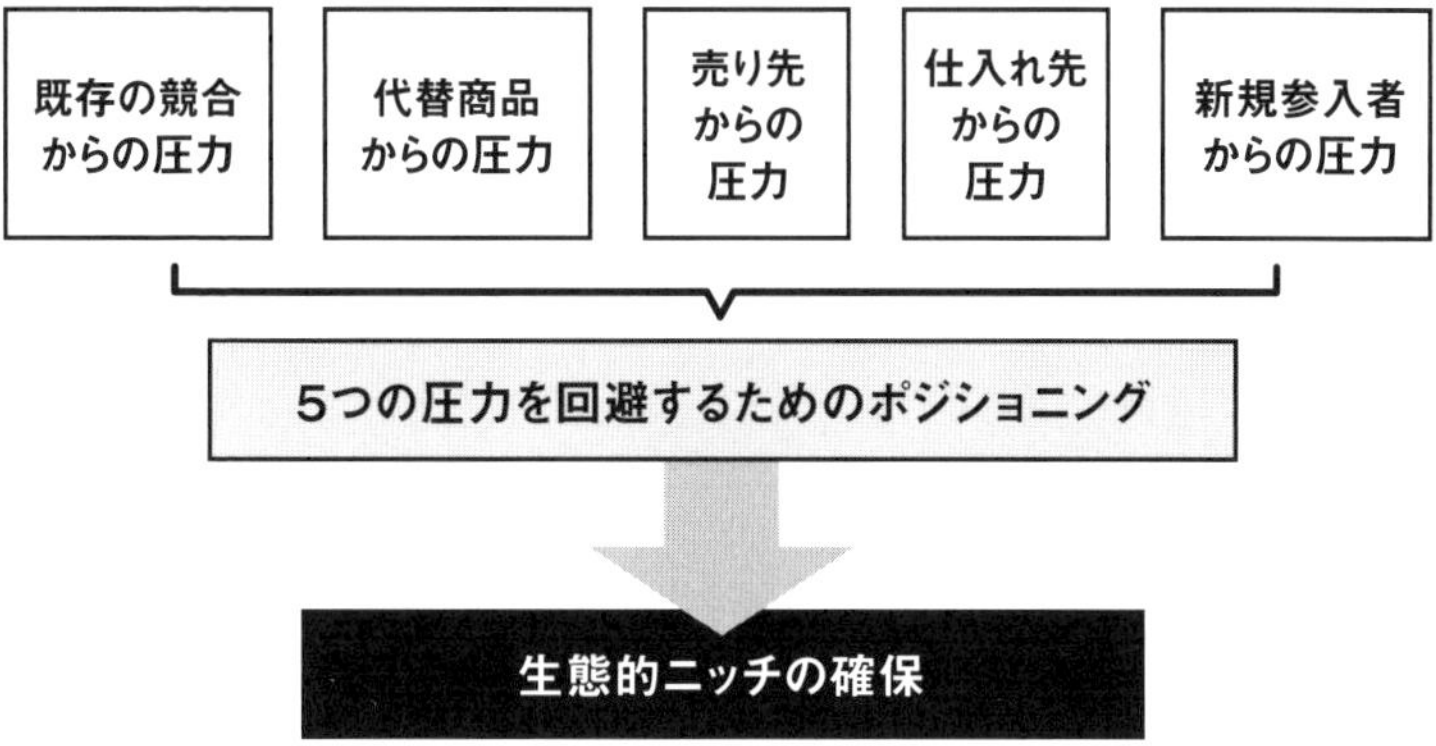

ちなみに、前述の北章宅建株式会社は、強い新規参入者がいない市場で、仕入れ先（物件を購入する個人）や販売先（個人）からの圧力がなく、代替商品がなく、既存の業者とも競争しない環境をつくり出しています。

その結果、同社は藤屋式ニッチ戦略塾に入塾した6年前から、売上高・店舗数ともに3倍に伸ばしています。

CHAPTER 6

「強み」を特定する

顧客が事業であるのと同じように、知識が事業である。物やサービスは、企業がもつ知識と、顧客がもつ購買力との交換の媒体であるにすぎない。＝中略＝知識は本の中にはない。本の中にあるものは情報である。知識とはそれらの情報を仕事や成果に結びつける能力である。＝中略＝、事業の外部、すなわち、顧客、市場、最終用途に貢献して初めて有効となる。

他の者と同じ能力をもつだけでは、十分ではない。そのような能力では、事業の成功に不可欠な市場におけるリーダー（筆者注：独自化・差別化）の地位を手に入れることはできない。

『創造する経営者』

「強み」とは何か

他社ができないこと、やりたがらないことができるのが独自化

「事業戦略」は、他社と優劣を競うものではありません。他社との違いを打ち出すものです。したがって、**真の「事業戦略」は、非競争の環境をつくり出すためのものです**。といっても、大企業は大食漢ですから、数千億円、数兆円という大きな市場を対象にせざるをえません。つまり、大企業には独自化戦略は不可能なのです。

しかし、小さな会社は、数百万円、数千万円、数億円、せいぜい数十億円の市場規模があれば十分です。そのため、**どれほど対象市場を絞り込んでも、絞り込みすぎるということはありません**。たとえば、虫メガネでないと見えないような小さな市場でも、立派に食べていけます。そうすると、100人に1人、1000人に1人、場合によっては1万人に1人の人が買ってくれれば、事業として成り立つことになります。

仮に1000人に1人が買ってくれればよいのであれば、対象とするお客様を徹底的に絞り込むことで、比較する商品や提供方法がない状態をつくり出すことができます。

他社に「そこまでやるか」と思わせるのが差別化

取り扱っている商品やサービスに類似品があったり、同じような提供方法があったりするが、自社のほうが優れているというのが差別化です。

差別化は、自分たちでは差別化できていると思っていても、お客様からは微差《びさ》にしか見えないことがほとんどです。自社の商品には強い関心をもっているので競争相手との違いを意識して探しますが、お客様はそれほど熱心には見ていません。したがって、あなたとお客様とは、「観察」と「チラ見」ほどの違いがあると考えてください。

ですから、本当に違いを打ち出そうとしたら、**「そこまでやるか！」と競争相手に思わせるレベルが必要になります。**「そこまでやるか！」の背景には、「自分はそこまでやりたくない」という思いがあるからです。

2

「ポジショニングシート」で競争分析をする

「業界最大手」と比較する

「ポジショニング」とは、市場での地位（違い、差異、ブランド）を確立することです。

ポジショニング分析をするときに、自分たちが競争相手と考えている会社や商品と比べようとしがちです。しかしそれでは、限りなく業界の内輪の話になってしまいます。業界の外、すなわちお客様から見れば、よく知らない会社と比べられても意味がないのです。

そこで、工務店であれば、住宅トップの積水ハウスと比べることです。家を建てようとする人で積水ハウスを知らない人は、まずいないでしょう。ですから、比較が可能です。

ところが工務店の経営者は、「わが社は注文住宅で、積水ハウスはプレハブ住宅だから、まったく違う」と考えています。でも、お客様から見れば、どちらも「戸建ての家」です。

積水ハウスは業界トップの大企業で、ほとんどの部分で優れています。しかし、大企業だからこそできないこともあります。プレハブ住宅は工場でつくって現地で組み立てるものですから、細かな仕様の変更はできません。また、販売に関してもマニュアルが確立しているため、個別対応ができません。何より、あれだけのテレビCMを流しているように、広告宣伝にお金をかけています。さらに、会社が大きいだけに間接部門の人件費も莫大です。そのうえ利益もしっかり出しています。それら広告宣伝費・人件費・利益のすべてが住宅の価格に含まれています。

そこに、**小さな会社だからこそ、優位性を発揮できる「つけ入る隙」がある**のです。そこであなたは、前述した『ガリバー旅行記』の巨人の国に行ったことを想定して、**大きな会社が「やりたくてもできないこと」「小さな会社だからこそ上手に対応できること」を特徴として打ち出します。**

なお、同規模の同業者は、お客様への至れり尽くせりの対応は、めんどうくさくて嫌がります。これで独自化の仕組みができ上がります。したがって、こだわりをもつお客様を対象にすることになりますので、価格を引き上げても受け入れてもらえます。逆に、受け入れてもらう人だけをお客様にしてください。何しろニッチなニーズに応えるようにすると、1000人から1人だけ、1000人から1人だけの割合でお客様を選べるのですから。

「強み」は相対的なもので十分である

「絶対的な強み」があるのがベストです。しかし、経営的には必ずしも「絶対的な強み」は必要ありません。ペルソナ的なお客様満足を勝ち取るレベルのものがあればOKです。

というのも、強みは努力であり、努力にはコストがかかるからです。

独自化や差別化を図るためには、探求心や向上心が必要です。つまり、職人気質や技術者魂がなければ、ものごとは上達しません。しかし、それがすぎると自己満足のための芸術的な仕事になってしまいます。芸術的な仕事は、ビジネスの価値観から逸脱しています。ビジネスは、つねにコスト・パフォーマンスを考えなければならないからです。

藤屋式ニッチ戦略塾のFC塾に加盟している株式会社サンメディカル（大村千亜紀社長／岩手県盛岡市／介護用品・福祉用具・福祉用品の販売とレンタル、介護施設事業など／従業員200名）は、全体的に業績を伸ばしています。そのなかでも、とくに販売部門の業績が伸びています。

岩手県内で業界No．1の事業者で、販売網・デリバリー網が充実しており、ラストワンマイル（最終拠点からエンドユーザーへの物流サービスのこと）に強いうえに、業界の事情に精通しています。したがって、全国的には強いとはいえないのですが、地域ではダントツのNo．1です。つまり、相対的な強さで業績を伸ばしているのです。

ちなみに、岩手県は本州でもっとも面積が広いのですが、人口は122万人あまりです。たとえ大企業であろうと、同社のサービス網には太刀打ちできません。物理的にサービス網を構築できたとしても、それに見合うリターンが見込めないからです。そのため、同社とは競争するより、パートナーシップを組んで進出したほうが合理的なのです。

「強み」を6つの要素で比較する

では、122ページに記入例も示したポジショニングシートを使って、自社の「強み」をライバルと比較していきましょう。

「強み」を、お客様が商品を買うときの選択基準にしている6つの要素**「商品特性」「提供方法」「価格」「買いやすさ」「イメージ」「体験価値」**に分解しました。この6つの要素で、ライバルと比較していきます。さらに6つの要素を、**「独自化レベル」「差別化レベル」「業界標準レベル」「標準以下レベル」**の4段階でそれぞれ評価していきます。

もしかすると、「当社は業務効率のよさが強みだから、ここには現れない」と思うかもしれませんね。しかし、業務効率のよさは低価格でも利益を出せるようになるということなので、価格に反映できます。つまり、**自社の業務内容で強みがあると、必ず商品・サービス・提供方法に現れるのです。**

もし、現れないとすれば、それは強みとはいえないものです。逆にいえば、「ビジネスで、最終的にお客様に貢献できないものを、強みとはいわない」のです。

では、商品を分解した6つの要素を見ていきましょう。分解して比較してみると、強みと思っていたものが、相対的に劣っていることもあります。

「独自化レベル」を1つはもつように

対象とするお客様（ペルソナ）が評価してくれ、あなたの会社の望む条件で買ってくれる「独自化レベル」の要素を1つもつようにしてください。これがあると尖《とが》った特徴が出せ、独自性を打ち出せます。

独自化とは、比較する競合商品・サービス・提供方法がないことです。小さな会社の独自化とは、「他社にできないことをやる」のではなく、**「他社がやりたがらないことをやる」**ことで実現します。

めんどうくさいこと、これまでの方法では儲からないことをやれば、マネする会社はありません。ただし、コストに見合うように、必ず値上げしてください。値上げすることで商品や提供方法のよさをアピールすることができます。

ここで、もう1つ重要なのが「要素の定義」です。**自社の強みとペルソナの観点から、できるだけ「独自化レベル」、少なくとも「差別化レベル」になるように定義してください。**

たとえば、「品質とは何か」についてです。品質を耐久性とした場合、ライバルのほうが優れていれば、定義を変更してください。どのように定義を変えても優位性が見出せない場合は、「ライバルより劣る」に位置づけ、次の要素に進みましょう。

要素のなかで「独自化レベル」が1つ、「差別化レベル」が1つ、そのほかはライバル並みでOKです。すべてで独自化レベルや差別化レベルにするのは不可能です。

このような分析をすると、**何を強調（訴求）すべきか、何を強化（改善・改良）すべきかがわかってきます。**

ただし、ライバルより劣るレベルの要素が1つでもあると、独自化レベルや差別化レベルの要素に、マイナスをカバーできるだけの魅力がなければ買ってもらえません。

これらを私が主宰している藤屋式ニッチ戦略塾を例に説明します。122ページの図14

を参照してください。商品特性として「独自化戦略」をテーマにしている経営塾は、私が知る限りほかにありませんので、「独自化レベル」としました。

提供方法は、ミニコンサルティングのように、各塾生に具体的な内容までアドバイスしていますので、やはり「独自化レベル」です。

価格は、コスト・パフォーマンスがよいので「差別化レベル」に位置づけました。

買いやすさは、塾の存在を知らせきれていない（買いづらい）ので「標準以下レベル」にしています。

イメージは、藤屋式ニッチ戦略塾の「ニッチ戦略」という表現が、「縮み志向」と誤認されてマイナスイメージがあるため、「標準以下レベル」に位置づけました。現在、ネーミングの変更を含めて、対策を練っているところです。塾生への成果物として値上げと売上増を実現しているので、候補として「値上げ戦略塾」なども考えています。

なお、ネーミングについて、売れていない商品やサービスであれば、変更しても問題ありません。売れていないということは知名度がなかったり、商品名として魅力がなかったりすることですから、変更のリスクはありません。また、既存のお客様は、すでに商品やサービスの魅力を知っているので、よほどの改悪でない限り悪影響を与えることはありません。

図14 ポジショニングシート（藤屋式ニッチ戦略塾の例）

	強みの要素	独自化レベル	差別化レベル	業界標準レベル	標準以下レベル
1	商品特性	◎			
2	提供方法	◎			
3	価格		○		
4	買いやすさ				×
5	イメージ				×
6	体験価値	◎			

※シートへの記入は見た目がわかりやすいように、各レベルに該当した場合、独自化レベルは「◎」、差別化レベルは「○」、業界標準レベルは「△」、標準以下レベルは「×」としました。

ポジショニングマップ

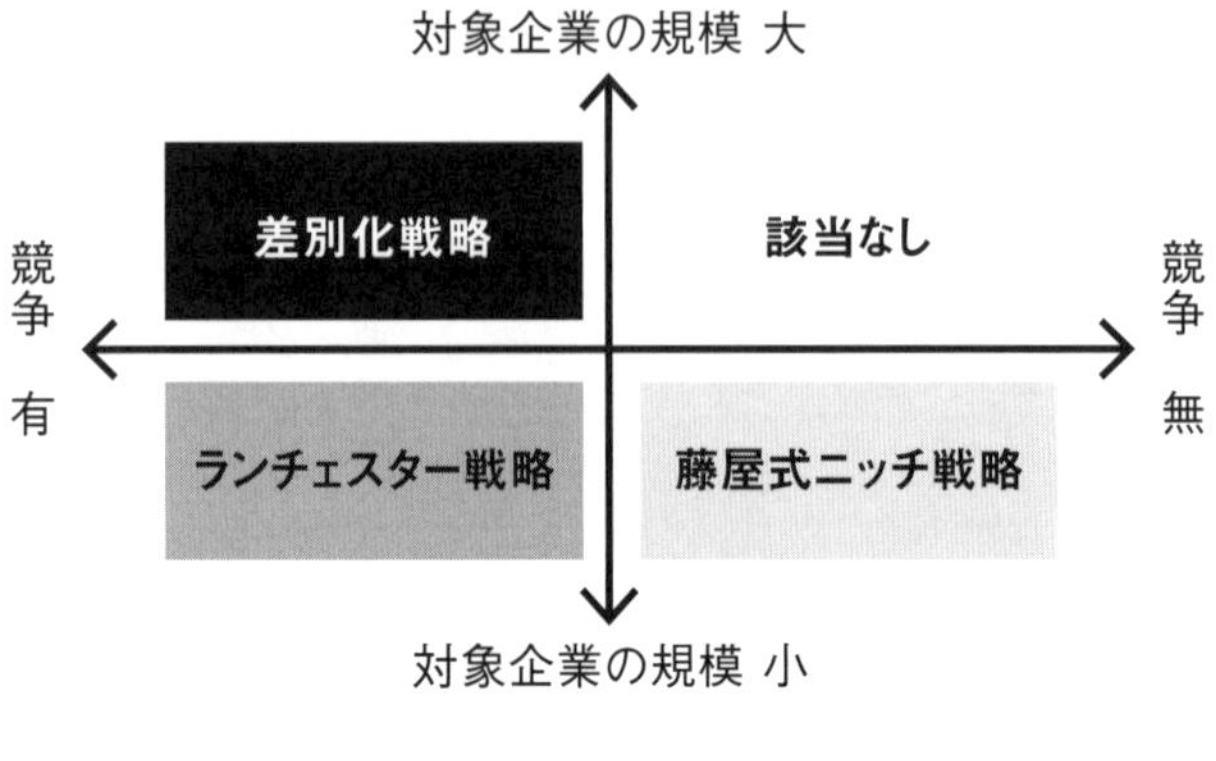

「独自化レベル」「差別化レベル」ごとの対応

「独自化レベル」が1つあることに加えて、他社も同じ種類のことをやっているけれど、他社が「よいのはわかるけど、そこまでやりたくない」といい、お客様が「そこまでしてくれるの!」といってくれる要素が1つあると、必ずファンや信者ができます。それが「差別化レベル」を決める要素です。

「独自化レベル」と「差別化レベル」の要素が1つずつあれば、それで十分に独自化が図れます。すべてをよくしようと思うと力が分散され、特徴が打ち出しにくくなります。そのうえ、コスト高になってしまいます。コスト高は価格設定に直結します。高くなっても構わないというお客様もいますが、対象はさらに絞り込まれます。それでもよいのであれば、チャレンジする価値は十分にあります。

「業界標準以下のレベル」があると、すべてを打ち消す

ただし、「標準以下レベル」があると、ほかの要素をすべて打ち消してしまう可能性が出てきます。たとえば料理店で、店の雰囲気がよく、接客が素晴らしくても、料理がまず

ければ決して流行る店になりません。また、買いやすさが、標準以下レベルであれば、買ってもらえません。ただし、これもわざと買いにくくして特徴を出すという方法もあります。

藤屋式ニッチ戦略塾・塾生の高野洋一さんが経営する「小樽酒商たかの」は、札幌でも居酒屋「T店（仮名）」を運営していますが、その店は看板も出していません。また、美容室と書いたドアから入らなければ店に入ることができないので、フリーのお客様が来店することは100％ありません。

「T店（仮名）」のコンセプトは「男の隠れ家」です。「隠れ家○○」という看板を出している店を見かけることがありますが、本当の隠れ家は看板を出したりしません。しかも、紹介がないと店の存在もわかりませんので、完全にお客様同士のコミュニティができ上がっており、常連客でにぎわっています。ちなみに、紹介してもらったお客様が、近くまで来たのに店の場所がわからず、電話してくることがよくあるそうです。

さて、どうしても「標準以下レベル」がある場合は、マイナスをプラスに変える発想法で対処しましょう。不動産賃貸業で物件を紹介するとき、「部屋が狭い ⇒ 掃除が簡単」や「坂道を登ったところにある借家 ⇒ 景色がよい、外出が足腰のトレーニングになる」などと表現するようにです。多くの人には受け入れてもらえないかもしれませんが、それに賛同してくれる少数派は必ずいます。そのような人たちをお客様にすればよいのです。

その特徴は、これからも有効か？

特徴があるからといって、ずっと独自化や差別化を維持できるわけではありません。たとえば、私たちが経験したコロナ禍では、突然、お客様が来なくなったり、需要がなくなったりした商品やサービスもありました。あるいは、技術革新、素材革命、社会や文化の変化による嗜好や流行の変化などによっても、特徴が消滅することがあります。

たとえば、日本酒で有名になった獺祭《だっさい》は、日本酒の製造工程に不可欠だと思われていた杜氏《とうじ》がいない蔵元です。これは品質にばらつきがない商品に仕上げるのに適しています。そうすると、杜氏を確保してきた蔵元の強み（特徴）がなくなってしまいます。

このようなことを書けば、「日本酒の製造を機械でするなんて邪道だ」という蔵元が必ず出てきます。しかし、その蔵元と獺祭のラベルを隠して飲み比べて、獺祭を低く評価する人がどれだけいるでしょうか。実際、市場では獺祭は売れています。それが市場の評価です。ですから、**定期的に「この特徴（強み）は、これからも有効か？」「有効でないとしたら、何を・どう変える必要があるか？」を自問自答してください。**

CHAPTER 7

強みを活かせる「お客様」を特定する

マーケティング分析における標準的な問いには、すべて答えなければならない。「顧客は誰か、どこにいるか、いかに購入するか」「顧客は何を価値とするか、顧客のいかなる目的を満足させるか。顧客の生活と仕事において、いかなる役割を果たすか。顧客にとってその役割はどの程度重要か。例えば年齢や家族構成など、いかなる状況のもとでその役割はもっとも重要か。逆に顧客にとっていかなる状況のもとで最も重要でないか」

『創造する経営者』

1

「ペルソナ」という発想

「理想的なお客様像」を描く

「お客様満足」を提供できなければ、モノもコトも売れません。なお、正確には、「満足」はお客様自身が感じるものですから、あなたの会社が提供できるのは「お客様満足そのもの」ではなく**「お客様満足の手段」**です。これは重要な視点ですから忘れないでください。

さて、「満足」は主観的なものですから、人によって「満足」の基準は異なります。たとえば、機能を最優先する人、品質を最優先する人、価格を最優先する人、カスタマイズを最優先する人などです。お客様はこれらがすべてそろうのがよいのでしょうが、高機能・高品質・カスタマイズ・短納期で低価格はありえません。

したがって、**「誰の・どのようなニーズ」を満たす商品や提供方法なのかを決める必要があります。**「誰の・どのようなニーズ」に応えるのかを決めれば、優先すべきもの、標準レベルに留めるもの、無視するものが決まります。

このプロセスで、市場のセグメンテーション（ニーズを細分化すること）、市場でのポジショニング（独自化や差別化すべき特徴を決めること）、ペルソナの設定（理想とするお客様像を描くこと）をしていきます。**すべての人に買ってもらうのではなく、対象とするお客様を絞り込めば絞り込むほど、対象とするお客様にとって、魅力がある商品や提供方法が設計できます。**

どのようなお客様像を描くかは、非常に重要な意思決定です。それは、お客様像を描くことで、事業戦略の3つの要素の「誰に」が決まると、「何を」「どのように」を決定する基準になるからです（なお、状況によっては「何を」がすでに決まっており、それを「誰に」「どのように」と決めていくケースも出てくることがあります）。

話を戻しますと、ペルソナを設定するときには、**「自社の望む価格で買ってくれるお客様像」**を描いてください。そのためには、「お客様満足」が欠かせません。ただし、「満足」は主観的なものと前述したように、価値観が多様化している現代では、すべてのお客様を満足させることはできません。したがって、ペルソナを設定するときには、できるだけ対象とするお客様のニーズを絞り込みます。そして、絞り込んだお客様に最高に満足してもらうビジネスモデル（仕組み）をつくるのです。

「非競争のお客様ニーズ」を選ぶ

藤屋式ニッチ戦略塾・塾生の緒方公一さんが経営する株式会社緒方生コン（熊本県菊池市／従業員32名）は、２０１９年の春に所属していた同業者組合を脱退したのを機に、ペルソナを設定しました。それまでは、同業者組合が受注して、傘下の組合員に仕事を割り振っていました。しかし、組合を抜けたため、自社で営業をしなければならなくなりました。

コンクリートの原料の生コンは、時間が経つと固まってしまうという生鮮商品のため、工場から片道90分以内が対象商圏になります。効率だけを考えると、できるだけ近い工事現場に、できるだけ大容量の生コンを配送するのがよいビジネスモデルとされています。

逆に緒方生コンは、「誰に＝遠くで少量の生コンを必要とするお客様」に、「何を＝便利さという価値」を提供することにしました。そして、「どのように＝少量でも、遠くても、時間外でも、狭い道路でも。ただし、それに見合った料金をいただいて対応する」ようにしました。そのために、大型の生コン車だけでなく、中型・小型の車両も整えました。それでも不足するときは、他社に配送を依頼するようにして、受注体制を整えました。

また、生コンの配送はジャスト・イン・タイムが要求されます。そのため、交通渋滞に巻き込まれたときには、生コン車から現場の責任者に電話を入れて、到着時間を知らせるようにしています。連絡があると、生コンの到着時間まで別の仕事をして待つことができ、お客様の大切な時間を浪費させないですむからです。

さらに、住宅を建てる現場などは、進入路が狭いケースがあり、大きな生コン車は現場まで入っていけません。そのため、事前に営業担当者が現場を下見することを仕組み化しました。これによって、使える生コン車がわかるため、現場に行って立往生するトラブルがなくなりました。

このような細やかな対応によって、対象地域と受注先が広がり、2020年の3月期には出荷量を前年対比の229・1%まで伸ばすことができました。2020年度の上半期も、前年同期の140%超で出荷量を増やしています。

緒方生コンは、社員数32名の小さな会社です。そして、商品はJIS規格品で差別化がむずかしい業種です。そのなかで非競争の環境をつくり出すために、効率よりも効果を優先しました。この事例は、差別化がむずかしい業界において、どのようなペルソナを設定し、どのような提供方法をすべきかを教えてくれる好事例です。

「業界の常識」から離れたところに非競争の市場がある

緒方生コンは、同業者組合に加入していたときは、同業他社とまったく同じような経営をしていました。戦略を意識したこともありませんでした。その同社が、短期間で驚くほどの業績アップを実現しました。

また、あなたもご存じの「民泊事業」を創造したAirbnbの創業者は、事業を起こすにあたって資金調達が必要になりました。しかし、金融機関や投資家に話すとアイデアが盗まれるのではないかと心配になり、ある人に相談しました。すると、「心配するな。こんなバカなことをする人はいない」といわれたそうです。

つまり、**業界の常識から離れ、市場志向、お客様志向に徹すれば、どこにでも非競争のビジネスのネタは転がっているということです。**

ちなみに、Airbnbの民泊事業は、宿泊業に属します。その宿泊業は差別化がむずかしく、過当競争の市場です。そのなかで同社は当分の間、競合が現れず、絶対的な地位（ポジション）を築くことができました。それは、個人宅の部屋をホテルのように貸すという発想が、宿泊業界だけでなく、世の中の常識からかけ離れていたため、誰もマネしようとは思わなかったからです。

緒方生コンもAirbnbも、次のドラッカーの言葉で説明できます。

これらの事例は、あまりに当たり前のことと考えられるかもしれない。これらの戦略は、賢明だから機能したのではない。たしかに、少しばかり頭を使えば、誰でもこのような戦略に到達できるであろう。

しかし、理論経済学の父デビッド・リカードはかつて、「利潤は賢さの違いから生まれるのではない。愚かしさの違いから生まれる」と言った。

これらの戦略は、賢明だから機能したのではない。じつのところ、企業といわず公的サービスといわず、他の誰もが、何も考えないから機能したのである。

『イノベーションと企業家精神』

2 「ペルソナ」を設定するメリット

業務を標準化しやすい

さきほど紹介した株式会社緒方生コンは、たいへんめんどうくさいうえに、それまでの常識では儲かりそうにない「遠距離・少量」や「営業マンの現場下見」や「時間外への対応」などに取り組みました。一見すると効率が落ちたように感じますが、出荷量を見ると生産性は上がっています。

つまり、どんなにめんどうくさいことでも仕組み化し、それに見合う価格設定をすれば、非競争の市場ですから、継続的に儲かる仕組みにすることができるというわけです。

業務効率が上がる

どんなに複雑な作業でも、それだけを繰り返しするのであれば、業務効率は上がります。反対に、単純な作業でも何通りもしなければならなければ、業務効率は下がります。つまり、**ペルソナ（理想的なお客様像）を設定して、ペルソナに向けた仕事だけをすれば業務効率は上がるのです。**

もっとも、効率も「利益を獲得するうえでのもっともコスト・パフォーマンスがよい仕事内容と作業工程」とすると、効率の意味は変わってきます。

熊本県果実農業協同組合連合会（橋本明利代表理事会長／熊本県熊本市／通称「ＪＡ熊本果実連」）の白州工場は、清涼飲料水の紙パックへの充填《じゅうてん》（容器に液体を詰める作業）を専門にする工場です。お客様はコカ・コーラ、キリン、サントリーなどの日本を代表する清涼飲料水メーカーです。

日本を代表する大手企業は、ペットボトルなどへの充填は自社で行います。しかし、ロット数が少ない紙パックへの充填は、自社で行うと業務効率が下がります。そこで、めんどうくさい紙パックの充填をアウトソーシングしています。その発注先がＪＡ熊本果実連というわけです。

ＪＡ熊本果実連は、日本の大手清涼飲料水メーカーのほとんどから受注しています。その種類は膨大で、受注ロットは数千個から数万個です。数千個のときには充填しているよりも、充填機を洗浄している時間のほうが長いときがあります。だからこそ、他社がマネしたくないのです。

同じような充填業務をしている会社がもう1社ありますが、互いに受注能力に限界があるので上手に分け合っています。したがって、利益が上がる体質になっているので、人手に頼る工程が多いとしても業務効率がよいといえます。

3 「ペルソナ」を設定する3つの要素

すべてはペルソナの満足のために

ペルソナを設定する意義をもう一度確認しておきます。「すべてはお客様満足のために」という標語がありますが、「すべての人を対象にする」という意味ではありません。「設定したペルソナの満足のために」という意味です。つまり、**特定の人の特定のニーズに、特定の商品やサービスを、特定の方法で提供するのです。**

事業の3つの要素は「誰に・何を・どのように」ですから、この「特定の人」の特定の仕方で、仕組み（ビジネスモデル）の概要が決まります。その「誰に」の決定を、ペルソナの設定で行うのです。

ペルソナの価値観を決めれば、お金と時間の使い方も決まる

一般的なビジネス書では、ペルソナの設定は「明確で具体的なお客様像を描きなさい」と教えます。たとえば、氏名・年齢・性別・身体的特徴・収入／世帯収入・家族構成・学歴・居住地・職業・肩書き・勤務先・業務内容・通信環境・利用デバイス（ＰＣ・スマホなど）・将来の目標などです。

しかし、私が主宰する藤屋式ニッチ戦略塾で、これらの要素でお客様像を描いてもらう（ペルソナを設定する）と、商品や提供方法を売るための手段にもかかわらず、いつの間にか人物像を描くことに気をとられ、何のために人物像を描くのかを忘れてしまうことがよくありました。

ドラッカーは**「金と時間をどのように使っているかが大事」**と教えています。その金と時間の使い方を決めるのが「価値観」です。

つまり、「価値観」が決まれば、金と時間の使い方、何を買うか、どのように買うか、いくらのものを買うか、どこで買うかもわかってくるというわけです。そこで、藤屋式ニッチ戦略塾では、ペルソナの設定項目を「価値観」とそれに基づく「お金と時間の使い方」に絞り込んでいます。

図15 ペルソナ設定シートの記入例

	要素	内容
1	ペルソナの概要	田中一郎　45歳。妻と小学生の子ども3人のマンション暮らし。金融機関勤務で年収800万円。妻も勤めに出ており世帯年収は1200万円
2	価値観	仕事も家庭も大事にしたい。承認欲求が強く、自分自身を認めるようになりたいし、他人にも必要とされる人間になりたい
3	お金の使い方	生活を豊かにするために、必需品については、健康や生活水準を守れる範囲内でできるだけ安く買う。それで、ねん出したお金を家族や趣味のために使う。 小遣いは月5万円で、ボーナス時には10万円もらっている。趣味は読書。 ただし、将来のための貯蓄は計画的に行っている
4	時間の使い方	平日は帰宅後も仕事をすることが多い。 土曜日はセミナーなどへの参加も多いが、日曜日は家族とすごすことにしている。 連休は家族旅行をすることが多い

CHAPTER 8

強みを活かせる「戦わない市場」をつくる

リーダー的な地位とは、規模の問題ではなく、質の問題である。強みとする分野への集中である。＝中略＝ スペシャリストになることができるニッチは、ほとんどあらゆる分野に存在する。＝中略＝ 大市場において、リーダー的な地位を得るための大戦略は成功しうる。あるいは逆に、私が「関所」的スペシャリスト化と呼ぶニッチ戦略も、成功しうる。

『乱気流時代の経営』

1

「満たされていないニーズ」を探す

「既存市場」を細分化する意義

「新規の市場を開拓する＝別の市場に出て行くこと」と考えがちです。しかし、**「新規市場＝これまで対応していなかった市場」**ととらえ直すと、まったく対応が違ってきます。

「勝手知ったる他人の家」という諺《ことわざ》がありますが、ほとんどの人は「自分の家」のほうをよりよく知っているはずです。「隣の芝生は青い」とか「隣の花は赤い」といわれているように、とかくほかの市場はよさそうに見えるものです。しかし、そこでは現在の市場と同じように、熾烈な競争が行われています。その競争が外部から見えないだけです。

そこで、ほかの市場に出て行くのではなく、**現在の市場（ニーズ）を細かく分けていくと、お客様のニーズに応えきれていない「生態的ニッチ」な市場がたくさん現れてきます。**

それは、肉眼では見えなかったものが、虫メガネや顕微鏡を使うと見えてくるようなものです。

そのなかから、**あなたの会社の強みを活かせて、かつ、お客様が熱心に求めているけれど他社が対応を渋っているような「めんどうくさいニーズ」や「現在の価格、現在の提供方法では儲かりそうにないニーズ」に焦点を絞って対応します。**

この方法が有効なのは、ほとんどの会社は「楽して儲かりたい」と思っていますし、意図的には「儲からないことはやりたくない」と思っているからです。つまり、創意工夫をせず、深く考えもせずに、効果よりも表面的な効率を優先するのです。

ですから、**「ニーズはあるのに対応する競争相手がいない」**という最高の事業環境がつくれて、粗利益率も高くなります。これこそが、「既存の市場」を細分化する意義です。

すべての市場は「ニッチ市場」の集まりである

そもそも、市場というのは、すべて小さなニッチの集まりです。小さな支流が集まって大河になるようなものです。

たとえば、自動車市場は、商用車・乗用車・特殊車両に分けることができます。そのなかで乗用車は、大型車・中型車・小型車・軽自動車に分けることができ、さらに用途別・

スタイル別・価格別に分けることができます。このような小さなニーズに対応した市場の集まりの総称が「自動車市場」なのです。

富山県に光岡自動車株式会社という会社があります。同社のホームページによると、2019年12月期の売上高は269億円、開発自動車（メーカー部門）の売上は約20億円にすぎない、日本で10番目の自動車メーカーです。

自動車は量産品というのが常識ですが、同社の車は量産品ではありません。なんと、1日に1台しか製造していないのです。こうしてつくられた個性的な車を求めるお客様に支えられています。このような非効率でめんどうくさい市場には、トヨタやホンダのような大手の自動車メーカーは絶対に進出してきません。

また車を買うときに、トヨタにしようか、ホンダにしようか、光岡自動車にしようかと考える人もいません。光岡自動車の車をほしがる人は、マニアックな人たちだからです。このようなお客様に支えられて、納品までに数か月待ちの状態が続いているそうです。つまり、同社は**代替商品がないオンリーワンの市場**を手にしているのです。

トヨタのような巨人のいる自動車市場でも、このような状態をつくり出すことは可能だということを光岡自動車は示しています。量産品が常識の自動車業界でもオンリーワンが可能なのですから、あなたの会社が対象にしている市場でも、十分に独自化（オンリーワン）は可能ですよね？

同業者から見れば「非常識」なので、対応していないニーズもたくさんある

ドラッカーが、イノベーションのチャンスとして真っ先にあげているものは、「予期せぬ成功と予期せぬ失敗」です。その理由を次のように述べています。

> 予期せぬ成功をマネジメントが認めないのは、人間誰しも、長く続いてきたものが正常であって、永久に続くべきものだと考えるからである。自然の法則のように受け入れてきたものに反するものは、すべて異常、不健全、不健康として拒否してしまう。
>
> 『イノベーションと企業家精神』

この、「自然の法則のように受け入れてきたもの」が「常識」であり、「当たり前」です。

したがって、**常識を疑い、当たり前のことなどないと思うことこそ、非競争な市場を手に入れる秘訣になります。**

市場環境の変化によって、どのような状況に変わるのかを次ページの図16とともに説明します。変化前は、秩序だった状況です。たとえば、市場シェアの順位は、ニーズの変化がない限り、あるいは新しいニーズをつくり出さない限り、ほとんど入れ替わることはありません。それが図の上の状態です。

しかし、環境変化が起こると、これまでのニーズが縮小したり消滅したり、新たなニーズが発生したりして、市場が混沌とした状態になってきます。それが図の下の状態です。つまり、成功の条件が変わってしまうので、「これまで通りの考えで商品開発や販促企画をしたら、思いがけない人たちが買ってくれた」という**予期せぬ成功**が起こるのです。

反対に、これまで成功してきた催事を、自信をもって開催したら誰も来なかったという**予期せぬ失敗**も起こります。

図16 環境変化による市場構造の変化

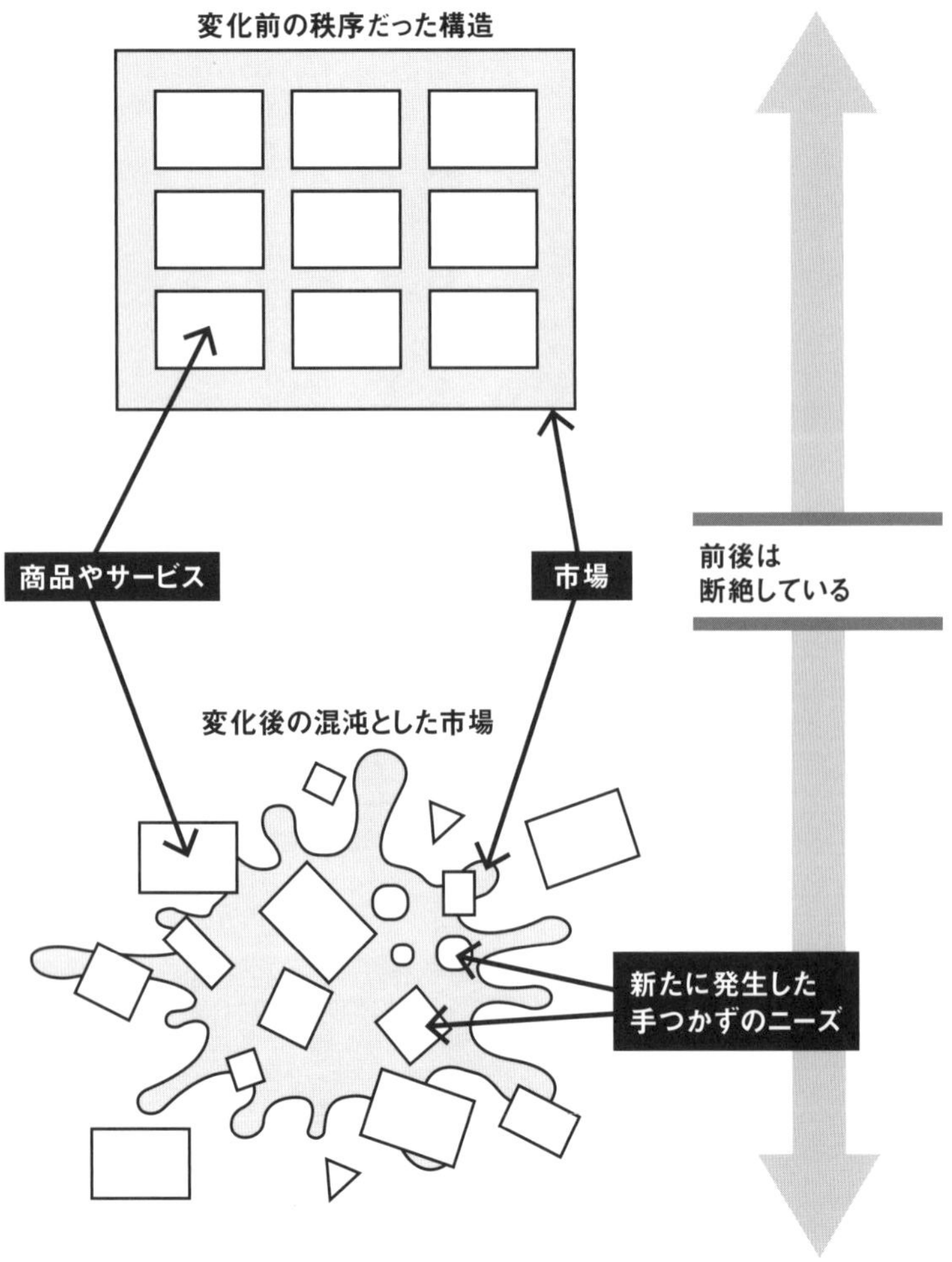

また、新しい環境では、大小さまざまな市場が発生し、縮小はしても消滅しない市場もあります。そこで、**小さな会社が対象とすべきは、大企業が参入してこない小さな市場や、今までのやり方では儲かりそうにない市場、めんどうくさい市場です。**また、環境変化前の秩序を前提にした考え方は、すぐに変えることができませんので、業界の非常識と思われていたことにチャレンジしてください。

たとえば、あらゆるものは「2：8」や「2：6：2」の割合で分布するといわれています。コスト・パフォーマンスは「2：8の原則」が適用されます。つまり、20％の顧客や商品から、80％の売上や利益が得られるというものです。逆に考えれば、80％の顧客や商品から20％の売上や利益しか得られないともいえます。

一方、「2：6：2の原則」は、市場ニーズの分布と考えてください。次ページ図17の上は、一般的な分布状況です。何かの基準で市場を細分化（セグメント）すると、全体から見れば4％のニーズしかない市場、12％のニーズがある市場、36％のニーズがある市場に分かれます。

それを婦人服市場で例示したのが図17の下です。縦軸を身長、横軸を体型で各3分類しました。たとえば、背が高くて太めの女性は、全体の4％しかいないということです。もちろん、体型は年齢によって割合が変わってきます。あるいは、「高い」「低い」の境とす

図17　対象市場を絞り込む

2:6:2の原則で市場を細分化する

	20	60	20
20	4%	12%	4%
60	12%	36%	12%
20	4%	12%	4%

□ ニッチ市場　■ ややニッチ市場　■ 一般市場

婦人服の事例

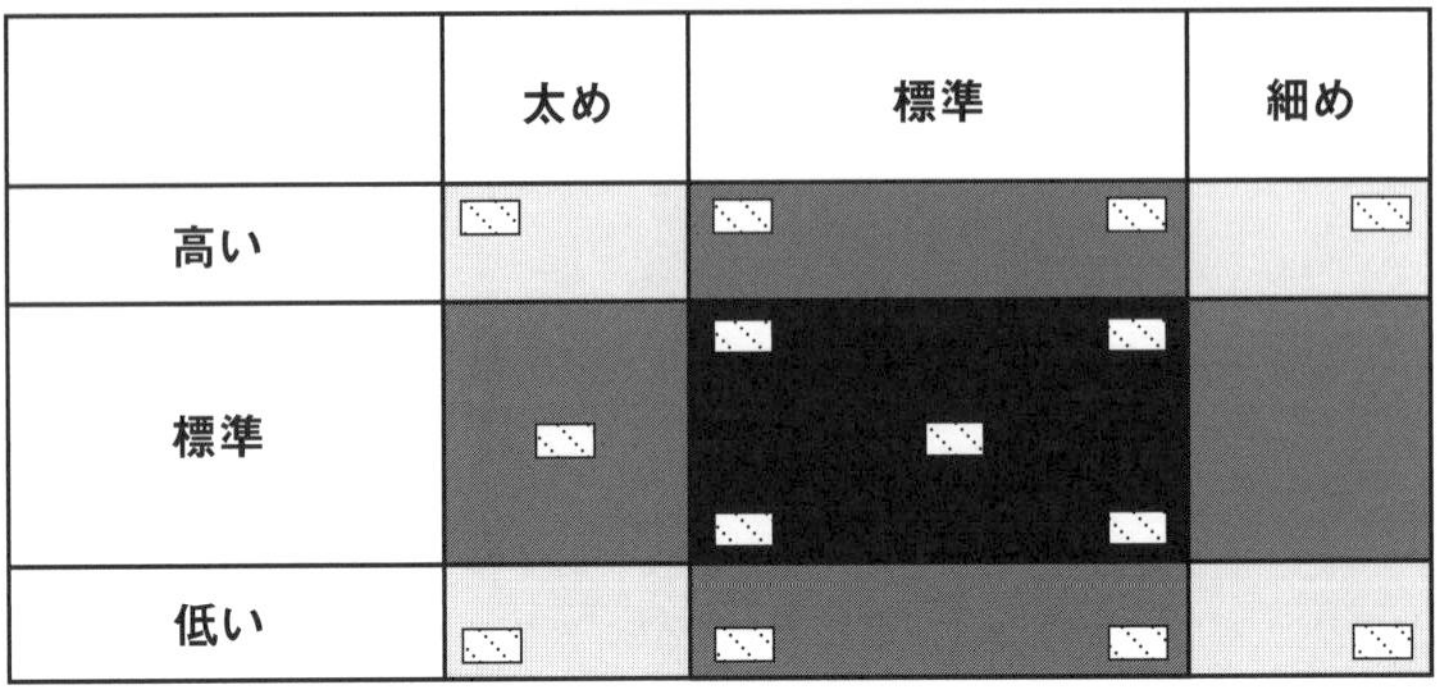

生態的ニッチ

※ ほぼすべての市場に、生態的ニッチがある

る背の高さの基準を何センチメートルにするかによっても割合は変わってきます。

また、それぞれの市場をさらに細分化することで、ニッチな市場をつくり出すことができます。たとえば、身長が標準・体型が標準でも、女性の経営者や幹部社員のための、「オーダーメイドで、洗える高級ビジネススーツ」にすると、かなり対象者が絞り込まれてニッチな市場になります。

会社は、つねに効率を追求しています。組織である以上、それは必要不可欠です。しかし、効率を最優先にしてはいけません。効率とは、会社都合の発想だからです。

お客様あっての会社です。**すべての部門・担当で、「お客様満足」を実現するための効率の追求、あるいは「お客様満足」を実現した後の効率の追求でなければなりません。**

効率の最優先は、どの業界でも普通に見受けられることです。下請けや出入り業者扱いされている会社に対しては、元請けや販売先の大きな会社の効率が優先されます。そのような大名商売に慣れている会社は、めんどうくさいことや今までのやり方では儲かりそうにないことは、まずやりたがりません。また、下請け根性や出入り業者根性が染みついた受け身の会社も、新しいことにチャレンジしようとはしません。

そこに、**「ニーズはあるが、そのニーズに対応している商品や提供方法がない」という手つかずの「おいしい市場」があります。**

たとえば、藤屋式ニッチ戦略塾・塾生の大本佳典さん（おおもと経営オフィス代表／北海道札幌市／セミナー講師業）は、手つかずのニーズに気づきました。「すべて整えてもらって演壇に立つ」のが講師業の常識です。大本さんは、商工会議所や商工会の多忙な担当者の状況を察して、講習会のテーマの提案、講習会の案内の作成支援、当日の会場設営など、準備から開催までを手伝うことで、ほぼ競合なしの状況をつくり出すことができました。

大本さんが商工会議所や商工会での講習会の講師をはじめた年は、講習会の受託は10数本だったのですが、3年目には100本を超えました。講習会を主催した担当者が、彼とお付き合いがなかった商工会議所や商工会の担当者を紹介してくれるようになったからです。

そして、2020年のコロナ禍の影響で大本さんは講習会がほぼゼロになった2月以降、コロナ禍対策事業のコンサルタントとして声をかけてもらいました。2020年の後半になって講習会事業が再開した10月以降は、講習会とそのほかの事業でスケジュールが埋まりました。

あなたも、ドラッカーの**「常識を疑え」「当たり前のことなどないと思え」**という言葉を肝に銘じ、実践してみてください。「手つかずの独占市場」を手にすることができます。

2

「非競争の市場」をつくる4つの条件

独占市場をつくるには4つの条件があります。「4つのマネ防止策（参入障壁）」と言い換えてもいいでしょう。これらのうち、2つ以上を組み合わせれば、ほぼ間違いなく非競争の市場をつくり出すことができます。

相対的に小さな市場をねらう

小さな市場であれば、大企業が参入してくることはありません。しかし、「小さな市場」の「小さな」は、あくまでも相対的なサイズです。前述した光岡自動車株式会社の自動車開発部門は20億円で、「生態的ニッチ（占有できる）市場」です。

さらに、高級スポーツカーのフェラーリの売上高は4000億円を超えています。ただし、生産台数は9000台にも満たず、世界の自動車の年間生産台数が約9000万台という点からすれば、市場シェアは0・01%未満ですから、超がつくほどの「生態的ニッチ」を確保していることになります。そのため、あえて「売れるだけ売る」ことはせず、「生態的ニッチ」を確保し続けるために「売りたいだけ売る」スタンスを貫いています。

なお、フェラーリの1台あたりの営業利益は約1200万円で、2位のポルシェの200万円弱、ベンツの50数万円、トヨタの30万円弱を大きく引き離しています。それは「生態的ニッチ市場」で、ファンや信者のようなお客様をしっかりつかんでいるからです。

「業界では非常識」と思うようなお客様目線で考える

他社と違うこと、未知の領域のことに取り組むには勇気を必要とします。したがって、ほとんどの会社は勇気がないので、横並び意識で経営をしています。また、新しいことが常識や当たり前のこととして受け入れられるようになるまでには、かなりの時間を要します。

しかし、**その新しいことや常識はずれのことが狭い範囲（生態的ニッチ）にとどまっていると、永遠に世間や業界の常識や当たり前にはなりません。**したがって、追随者（新規参入者）は現れず、「変わり者」として放っておいてもらえます。ですから、競争がない環境で優雅に経営できるのです。

「業界の非常識」という点で、藤屋式ニッチ戦略塾・塾生の土田雅大さんが経営するトイプードル専門のブリーダー・京都ラッキーファミリー（滋賀県大津市／従業員4名）ほど、非常識な会社はありません。

京都ラッキーファミリーのペットホテルサービスでは、お客様が希望すれば一緒に寝たり、一緒に風呂に入ったりします。これによって、ペットは狭いケージに閉じ込めることもなく、普段と変わらない生活となり、飼い主も安心して預けて旅行に行くことができます。また、トリミングでは、順番待ちや飼い主が迎えに来るまで、ほかのワンちゃんたちとトリミングサロンのなかを遊びまわっています。

このような環境をつくったのには理由があります。土田さんがブリーダーをはじめた頃、ペットショップで委託販売もしていました。ある子犬を預けていたのですが、いつまで経っても売れません。そこで引き取ることにしたのですが、連れて帰るとまっすぐ歩けなくなっていたのです（委託先のペットショップでは、狭いケージに入れて十分な運動をさせていなかったのです）。土田さんはそれを見て、二度とペットショップに卸したり、委託したりすることはせず、すべて自分で販売することを決意しました。

すべてのペットショップがそうだとはいいませんが、土田さんは自分のところでは、そのようなことは絶対にしないと言い切ります。そのため、たんなる「トイプードルのブリーダー」から、「家族として迎えるトイプードルとの素敵な暮らしをサポートする」に事業のコンセプトを変更しました。そして、次のようなサービスの提供をしています。

・販売時に要望があれば、自宅まで行ってケージやトイレの場所のアドバイスをする
・困ったことが起きたときの24時間365日の電話相談
・販売した犬が病気になると、飼い主と一緒に動物病院に行く
・ドッグフードは、人間が食べてもいいホームセンターなどでは販売していないものに
・ペットは家族の一員だから、人間同様の健康管理に関する情報提供サービス

これらのアフターサービスは、飼い主との結びつきを強め、口コミや紹介も増えています。たとえば、トリミングサービスのおかげで、飼い主と定期的に会うことができるようになりました。そのときに、ワンちゃんの様子がわかります。近頃、食欲がないと聞くと、さまざまなドッグフードを試食させます。そのなかに喜んで食べるドッグフードがあると、飼い主は継続的に買ってくれるようになります。あるいは、1週間程度預かって、食欲を

回復させることもあります。

また、定期的に利用してもらうと飼い主との人間関係も構築できるので、ペットホテル、デンタルケア（ワンちゃんの歯みがき）、腸内ケアの各種サービスを定期的に受けてもらったり、ケア用品を買ってもらったりしています。これらストック型ビジネス（継続的に売上が発生する仕組み）の中心になっているのがトリミングなのです。

このように事業のコンセプトを、ブリーダー業界の非常識となる「家族として迎えるトイプードルとの素敵な暮らしをサポートする」に変更してから、京都ラッキーファミリーの売上高は3倍以上になりました。

外部から「儲かる仕組み」がわからないようにする

これまでと同じやり方では儲かりそうにないことでも、やり方しだいで儲かる仕組みに変わります。たとえば、Googleは有料だったインターネットのポータルサイトを無料にしました。ただし、これだけでは収益性がないので他社は手を出しませんでした。

同社はたくさん集まってくる閲覧者を対象に、「ウェブ広告会社」という新しい業態をつくり上げました。しかし、他社には儲かる仕組みがわからなかったため、追随する会社はありませんでした。そして、他社が追随してくるまでの間に、圧倒的に優位な地位を確立しました。なお、Googleがこの仕組みをつくったのは、起業してすぐの頃ですから、文字通り小さな会社のときでした。

また、ほかの事例として、東京にスター・マイカ株式会社という不動産仲介業者があります。同社は山手線の沿線のマンションを対象に、「オーナーチェンジ」に特化したビジネスモデルで急成長しました。

マンションに入居者がいる状態で、所有者（賃貸人）が変わることを「オーナーチェンジ」といいます。しかし、入居者がいると売買がしにくいので、大手の不動産会社は取り扱いをしたがりません。そこに目をつけた同社は「オーナーチェンジ専門の不動産売買」という「生態的ニッチ市場」を開拓して、オンリーワン（少なくともニッチトップ）の市場を手に入れました。

同社は、マンション1棟のうち数物件しか買わないという分散投資を原則として成長しました。しかし、上場を果たして以降、マンションの1棟買いなど、生態的ニッチから少しずつずれ出したようです。したがって、強力な競争相手が現れる可能性が出ています。

なお、同社は今でこそ上場企業ですが、このビジネスモデルを考え、実践したのは起業時だったことから、小さな会社でできることの可能性の大きさを示しています。

他社に「めんどうくさそうだ」と思わせる

楽して儲かる。これは誰もが望むビジネスモデルですが、たんなる幻想です。**楽して儲かる分野には、誰もが殺到するので、すぐに儲からなくなります。**新しい市場が発生して先行者利益を確認すると、新規参入者が殺到し、やがてレッドオーシャン（過当競争の市場）になり、赤字事業の清算のために撤退する。これが繰り返されています。

しかし、**めんどうくさいとわかっている事業・商品・サービスに追随する会社はほとんどありません。**儲かるとわかっていても放っておいてもらえます。ですから、お客様のニーズはあるが、競合がいない状況がつくれ、継続的に儲かる仕組みになるのです。

3

現在の事業を「非競争」にするための4つの視点

「対象にするニーズ」を絞り込む

藤屋式ニッチ戦略塾・塾生の高田昌弘さんが経営するベストカーズ札幌（北海道札幌市／個人経営）は、「サビていないクルマ、サビさせない技術、安心のカーライフをお届けします」をコンセプトにした中古車販売と自動車整備業を営んでいます。

販売している中古車は、融雪剤の影響を受けていない「サビていない、サビの少ない本州産の中古車」に特化しています。雪国の北海道では、雪を解かすために融雪剤を大量に散布しますが、そのなかには塩分が大量に含まれていて、サビの原因になります。冬季の札幌市内では、「車は塩の上を走っている」といってもいいくらいです。ですから、北海道の中古車は、ほぼ塩害を受けています。それを避けるために、本州から中古車を仕入れているのです。

また、自動車整備は「愛車のサビる不安を取り除く、記憶と記録に残る防錆《ぼうせい》処理を提供する」をコンセプトに、サビ止めに特化しています。使用しているのはノックスドールというブランド品の防錆剤です。この防錆剤を使って、アクションカメラ（ゴープロ）で撮影しながら丁寧に仕上げていきます。ゴープロで撮影しながら進めるので、塗装でごまかすことができません。車を大切にする人は、多少高くても同社でサビ止めをしてもらいたくなります。

高田さんは、藤屋式ニッチ戦略塾に入塾した2年前はオールシーズンで出席できていたのですが、2019年の雪シーズンになる前は塾の例会を休むようになりました。さらに、2020年にはシーズンを問わず休みがちになっています。半日休むと、注文が増える一方の防錆作業が滞るからです。これも、勇気をもってニーズを「サビ止め」に絞り込んだからです。

なお、高田さんの会社は2019年12月では、翌年1月の予約はまだポツポツ程度だったのですが、2020年12月には翌年2月の中旬まで予約が埋まるようになりました。

特徴をずらす

生物が生き残る方法として「ニッチシフト」があります。**「ニッチシフト」とは、競争を避けるために生息場所を移動することです。**ドラッカーの著書にも、事業における「ニッチシフト（特徴をずらす）」の事例が出ています。

ハーマン・ミラー社は、初めはオリジナル・デザインのイーメス椅子のメーカーとして有名になった。しかし、その後、他のメーカーがこぞってオリジナル・デザインの椅子をつくりはじめた頃には、同社はオフィス全体を売った。同社はこの事業でもかなりの成功をおさめた。さらにその後、いわゆる未来オフィスが流行しはじめたとき、同社は施設管理研究所なるものを創設した。この研究所は、もはやオフィス機器を売ることはせず、「仕事の流れをよくし、生産性をあげ、従業員のモラールを高め、コストを下げる」ようなオフィスのレイアウトとオフィス機器についての助言を仕事とした。

『イノベーションと企業家精神』

次は、小さな会社の「ニッチシフト」の事例です。雨漏り補修の会社はたくさんあります。そのほとんどのセールスポイントは「安く雨漏りを止めます」です。しかし、藤屋式ニッチ戦略塾・塾生の齊藤宏之さんが経営する株式会社齊藤板金（北海道札幌市／従業員5名）は、一時的にではなく「雨漏り根絶」をコンセプトにしています。他社との違いは「安さvs根絶」で表現できます。

齊藤板金では、「根絶」というコンセプトをお客様にご理解いただくために「10年保証」を打ち出しました。技術力に絶対的な自信をもっているからできることです。

同社は、20数年の経験を活かして雨漏りの補修に取り組んでいます。しかし、経験に頼ることなく、実際に水を流して「雨漏りを再現」し、その工程で雨漏りの原因となる雨の入水経路を特定していきます。また、赤外線サーモグラフィーも併用しています。このように「経験値＋物理的＋科学的」に原因を突き止めて補修するので、雨漏りを根絶できるのです。さらに、屋根の補修は二重構造でやるため、絶対に雨漏りしなくなります。

あるとき、私が「御社で施工した物件で、どれくらい雨漏りが再発しましたか？」と質問したところ、「20数年でゼロです」という答えが返ってきました。そこで、「他社の保証期間はどれくらいですか？」と重ねて質問したところ、「せいぜい1年くらいだと思います」

とのこと。「では、10年は大丈夫ですね」と私が尋ねると、「はい、大丈夫です」ということから同社は「10年保証」を打ち出しました。

「10年保証」にした理由は、ダントツになれるからです。誠実な会社であればあるほど、雨漏りが再発したときの補修工事のリスクを恐れて10年保証はしません。また、地方都市である札幌市では、いい加減な業者はすぐに悪評がたち、化けの皮が剥がれて淘汰されていきます。

過日、同社は10年以上前に施工した数人のお客様にお願いして、「お客様の声」として証言してもらいました。そのなかで齊藤さんが一番うれしかったのは、「あなたにお願いしてよかった」という声でした。

このように他社と特徴をずらし、その特徴を明らかにすることで同社の受注先は、2年前まで下請け90%：直接10%であったものが、直近では下請け70%：直接30%にまでなり、コロナ・ショック以後の２０２０年後半には下請け30%：直接70%に逆転しました。下請け業者からの脱却も、そう遠くなさそうです。

「商品の意味」を変える

「特徴をずらす」ことについて、ドラッカーは『イノベーションと企業家精神』で、次のような事例を紹介しています。

アメリカ中西部のある会社は、アメリカの大型土木機械の潤滑油の半分以上を供給しています。同社は、あらゆる種類の潤滑油をそろえている大手の石油会社と競争関係にあります。しかし同社は、潤滑油を売ることで競争に勝っているのではありません。潤滑油を一種の保険として売ることで競争に勝っているのです。

土木業者にとっての価値は、潤滑油そのものではありません。潤滑油を使って機械を円滑に動かすことです。同社は、「仕様書通りに潤滑油を使って、かつ潤滑油が原因で起こった故障に関して、稼働停止した期間の損害を補償する」と打ち出しました。

土木機械の故障で工期が伸びると、違約金で莫大な損害が発生します。土木業者にとって、潤滑油が多少高くても、違約金に比べればまったく問題になりません。土木業者が望んでいるのは、故障のない運転です。機械が故障せずに工期を守れることが土木業者の価値です。同社は、そこにセールスポイントをずらしたのです。ドラッカーは、このような販売方法を**「価値中心戦略」**と名づけました。

藤屋式ニッチ戦略塾FC塾に加盟の井上寛さんが経営する会社のグループ会社・株式会社解決本舗（小林基社長／愛知県名古屋市）は、美容室などで使う化粧品のOEM（受託製造販売）をしている会社です。同社のコンセプトは、「ビューティフルライフの創造、サポート」です。そして、キャッチコピーは「え！　本当にできるんですか？　1本からのオリジナルラベル化粧品!?　50kgからの完全自社オリジナル化粧品!?」です。

なお、「オリジナルラベル」と「完全自社オリジナル化粧品」の違いとして、前者は美容室などのオリジナル化粧品にするために、ラベルのデザインを選べて、自店仕様にすることができます。後者は、容器だけでなく、化粧品の成分まで完全にオリジナルの化粧品がつくれます。

競争が厳しい美容室にとって、自社でしか手に入らないオリジナル商品をもつことは収益的にも差別化の面でも大変重要なことです。ただし、これができるのは大手のチェーン展開している美容室だけです。つまり、同社が提供しているのは、個人経営の美容室でもオリジナル商品ができる仕組みです。

また、お客様に提供できる3つの魅力は「たくさん喜ばれる」「全部売れる」「1本から造れる！」です。

「たくさん喜ばれる」は、お客様に信頼され、共感され、紹介してもらえ、お客様が継続リピートしてくれることを表現しています。

次に、「全部売れる」は、利益が獲得でき、差別化でき、売りがいがもてることを表現しています。

最後の「1本から造れる！」は、少額投資ではじめられ、在庫が少ないのでリスクが回避でき、多種類の商品がつくれることを表現しています。

つまり、同社の商品（提供する価値）は、たんなる化粧品のOEM（受託製造販売）ではなく、店舗数22万店というオーバーストアの美容室業界において、個人経営の美容室に対する収益性と差別化の提供となっているのです。

余談になりますが、これには後日談があります。同社は「1本から造れる！」を魅力の1つに掲げていたのですが、実際は10本以上の受注しかありませんでした。1本からできるというのは、自己満足にすぎないということがわかりました。そこで同社は、市場のニーズに沿った表現「10本から造れる！」に変更しました。

さらに、予期せぬ成功で、差別化を図りたい新規開店のオーナーは、開店資金を準備しているので、10本からのオリジナルラベルではなく、完全オリジナル化粧品を求めることが多くなっているそうです。

ブランディングする

「ブランド化（ブランディング）」と聞くと、「部品メーカー」や「小さな会社」などは「うちはそんなことできない」と考えていないでしょうか？　しかし、あなたもご存じのゴアテックス（防水透湿性素材）やパソコンに入っているインテルのCPU、自転車部品のシマノは「部品メーカー」ですが、見事にブランディングしています。

もう一方の「小さな会社」のブランディングについて、ニッチ戦略士養成講座・塾生の杉山穣さんが経営する株式会社建装（静岡県静岡市／建設業／従業員28名）の関連会社である株式会社ジーコンコーポレーション（静岡県静岡市／従業員3名）の事例を紹介しましょう。

株式会社ジーコンコーポレーションは、【居抜き110番】でブランド化を図っています。同社は、飲食店などの店舗で「閉店や移転のためにそのまま譲りたい人」と「安く開業したい人」を結びつけるマッチングビジネスをしています。

杉山さんは同社を設立するときに、わかりやすく、かつ覚えてもらえるように【居抜き110番】というブランド名を考え、商標登録しました。そのため、「株式会社ジーコンコーポレーション」という社名は覚えてもらえなくても、【居抜き110番】というブランド名は覚えてもらいやすくなっています。

また、同社はブランドに「箔《はく》」をつけるため、新規事業として立ち上げた2016年に静岡県中部地区HOSO協議会が主催する「しずおかビジネスプランコンテスト」にエントリーして、新規事業部門で最優秀賞を受賞しました。また、2017年には「J300アワード」にノミネートされ、2018年には静岡市から「しずおか女子きらっ☆ブランド認定」を受けています（ちなみに、同社の従事者は、社長以外すべて女性です）。

このように、同社は地道な努力で新聞・テレビなどの報道機関に取り上げられるようになり、どこの馬の骨かわからない小さな会社から、行政機関が認め、マスコミに取り上げられる会社になりました。現在、同社はこのノウハウをFCという形で展開しているところです。


ブランディングとは、言葉を変えれば、「誰に・どのような事業として覚えられたいか」ということです。ブランドは、かつては「品質を保証するマーク的なイメージ」や「よい評判というイメージ」が強かったのですが、今では「対象にしたいお客様をファンや信者にするためのコミュニティ」ととらえることができます。これならば、小さな会社でもブランディングは可能になります。

CHAPTER 9

「適性価格」になるまで値上げする

最後に、「顧客は何を価値あるものとするか」「製品を買うとき何を求めているか」という最も難しい問いがある。これまでの経済理論は、この問いに対し一語をもって答える。「価格」である。だがこの答えは誤解を与える。確かに価格が重要な要素でない製品はほとんどない。しかし、まず第一に、価値としての価格そのものが、単純なコンセプトではない。第二に、価格は価値の一部にすぎない。第三に、サービスをはじめとする顧客側の価値観がある。

『現代の経営 上』

1

そもそも「適性価格」でなければ優雅な経営はできない

「競争相手」ではなく、「提供する価値」に焦点を合わせる

私は「お客様に提供できる価値＝適性価格」と考えています。なお、「適性」と表現するのは、正しいからではなく、その状況に合っているかどうかが問題になるからです。

お客様の選択基準が「価格」になれば、付加価値などという発想は飛んでしまいます。「他社はいくらで売るのか」「どんなサービスをつけるか」「どんな商品を売り出すか」ばかり気にし出します。つまり、意識はお客様に向かわず、競争相手のほうに向いてしまうのです。

これは、お客様志向でもマーケティング志向でもありません。つまり、価格ばかり気にするお客様は、価格という制約に阻《はば》まれて「最高のもの」を手にすることはできないということです。

そこで私は、自分が支援するお客様や塾生には、商品や提供方法の価値を確認したうえで、価値に見合った価格まで値上げするようにアドバイスしています。

ただし、「値上げをして業績が向上します」とはいっても、値上げは怖いものです。そこで、スムーズに値上げするための手順を次項で紹介します。

2 リスクがない値上げの手順

「理想的な売上高と粗利益率」を設定する

ゴールを定めなければ行動に移せません。そこで、まず「値上げをすることでどうなりたいのか」というゴールを設定してもらいます。ドラッカーは「粗利益＝純売上高」といっています。そこで、粗利益を決めるために、目標とする売上高と粗利益率を設定するのです。目標とする売上高と粗利益率が決まれば、次のようなことが明らかになるからです。

・どのくらいのお客様が必要か？
・どのような商品やサービスが必要か？
・どのような提供方法が望ましいか？
・それらのために、どのような仕事が必要になるか？

・そのために、新たに必要になるものは何か？

これで、事業の骨格や方向性が見えてきます。

「自社の強み」を確認する

ドラッカーは、「顧客が事業であると同時に、強みが事業である」といっています。したがって一般的には、お客様を特定することからスタートすべきです。しかし、小さな会社は、上手にできることが限られています。はじめに「何が上手にできるか」を特定（確認）したほうが現実的です。

そこで、今後も買っていただきたい主なお客様に評価されている特徴を確認します。そして、その特徴を生み出している業務（仕事そのもの、仕事のやり方）を特定します。

「特徴を高く評価してくれるお客様像」を描く

事業を決める3本柱は、「誰に」「何を」「どのように」です。そこでまず、自社の強みを最大限に評価し、自社の望む条件で買ってくれる理想的なお客様像（ペルソナ）を描きます。その際には、次を参考に人物像を描いてください。

・どのような価値観をもっているか？
・どのくらいお金と時間を使えるか？
・そのお金と時間を何に使っているか？
・商品や提供方法の選択基準は何か？
・メディア・芸能人・知人など、誰の意見・アドバイスを参考にしているか？
・どこで買うか？

「商品や提供方法の特徴（価値）」を明らかにする

「誰に」という対象にしたいお客様像が描けたら、次に「提供する価値」を明らかにします。お客様が買っているのは、「商品や提供方法から得られる価値」です。提供する価値を明らかにしないと、商品の仕様（スペック）や提供方法、価格、品ぞろえ（商品ライン）などを決めることができません。

その際、**「提供する価値」が他社や他社の商品との違いを打ち出せているかどうかが重要になってきます。**「提供する価値」が独自化や少なくとも差別化できていなければ、商品や提供方法に特徴を打ち出すことができないからです。

商品や提供方法をお客様好みになるように見直す

「設定したペルソナ」「提供する価値」「独自化」「差別化」の視点から、商品や提供方法を見直していきます。場合によっては、商品や提供方法を再設計しなければならないこともあります。こうして特徴を打ち出すことで、**「売れる仕組み」**ができていきます。

「新規のお客様」から値上げしていく

「値上げをしたら、既存のお客様が離れていくのではないか」という恐怖心はつねにつきまといます。ですから、**値上げは新規のお客様からはじめることです。**

私は、主宰する藤屋式ニッチ戦略塾の塾費を月額5000円から2万円に上げた経験があります。一気に4倍にしたのです。そのときは、2000人近くいた塾生を1人ひとり精査しました。そして、50人以上残ってくだされば現状維持だから実施しようと考えました。結局、100名ちょっとの方が残ってくださり、単純に売上は2倍になりました。

しかし、2万円から3万円に上げたときは、既存の塾生の塾費は据え置き、新規の塾生から値上げすることにしました。値上げの効果が出るまで時間はかかりますが、リスクはゼロです。これらの経験から、値上げをするときは新規のお客様からするようにお勧めしています。

そして、新規のお客様で売上が確保できるようになってから、もっとも売上に影響が少ない既存客から値上げしていきます。それで失客しても、経営に影響はありません。かえって客層がよくなるだけです。また、値上げに応じてくれたら、たいへんありがたいことです。

あるいは、お客様によって価格を変えることができないときは、もう1つ上の価格帯の商品をつくるようにもお勧めしています。たとえば、お客様は価格が3段階だと真ん中の価格を選ぶ傾向があります。これを4段階にすると、上から2番目を選ぶ傾向があります。これで結果的に値上げの効果が出てきます。

メッセージ発信の仕組みをつくる

ドラッカーは、「**マーケティングとは、売れる仕組みをつくること。したがって、販売をなくすことがマーケティングの目的である、しかし、実際に販売がなくなることはない**」という意味のことをいっています。つまり、「売れる仕組み」をつくったからといって、お客様が自動的に買ってくれるわけではないのです。

そこで、買ってほしい人に「あなたのために、こんな商品や提供方法をつくりました。ぜひ買ってください」というメッセージを発信する仕組みをつくります。メッセージ発信の仕組みは、PART2で詳しく説明します。これが「**売る仕組み**」になります。

なお、メッセージ発信は、インターネットやSNSだけではありません。お客様や商品、提供方法によっては、チラシ・パンフレット・店頭のショーウィンドウ・店内のPOP・プライスカード・販売員のセールストークなどが有効なこともあります。

PART 2

小さな会社は「戦わずに売れる仕組み」をつくる

CHAPTER 1

「戦わずに売れる仕組み」のつくり方

その市場は、全体としてはあまりにも小さく、世界全体でも、年間５０００万ドル程度である。したがって、競合製品の開発には価値がない。安くしたからといって、白内障の手術を何度もやるなどということはありえない。したがって競合相手がなしうることといえば、価格は安くしたが、利益はさっぱりあがらないということになる。

『イノベーションと企業家精神』

1 ビジネスモデルを確立する４つの要素

事業の成功の４つの要素は「誰に売るか」「何を売るか」「どのように売るか」「メッセージの発信」

どんなビジネスも単純化すれば、「誰に売るか」「何を売るか」「どのように売るか」です。そして、自社の商品や提供方法の魅力を知ってもらうためには、「誰に・どのような内容のメッセージを・どのように発信するか」で決まります。

この４つの要素が相互に合致しないと、「売れる仕組み」にはなりません。つまり、非競争の市場を見つけ、対象とするお客様を特定し、提供する価値を明らかにし、商品や提供方法を再設計して、メッセージを発信するようになると、高収益の仕組みに転換できます。

図18 儲かる仕組みの４要素

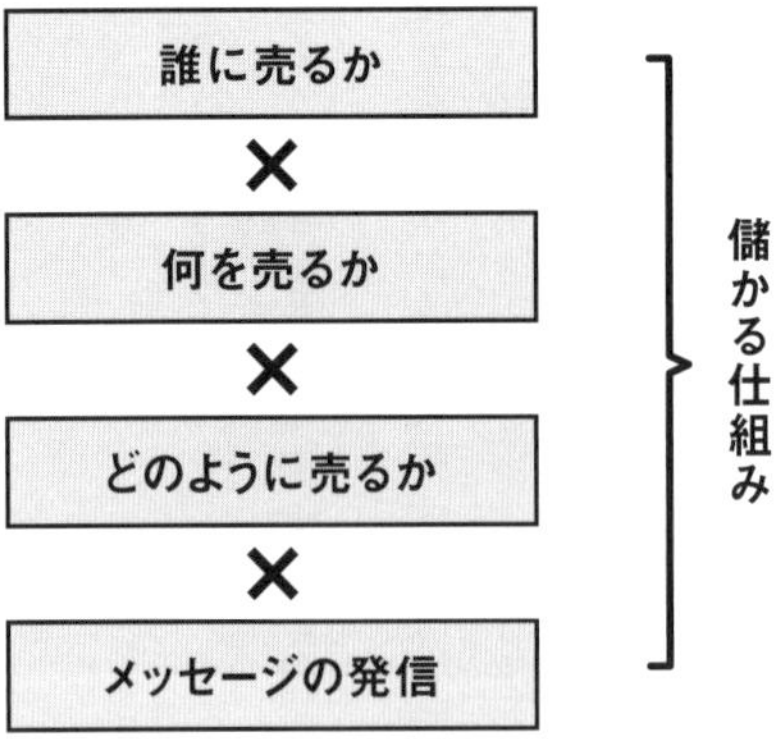

誰に売るか

対象にしたいお客様を徹底的に絞り込みます。

では、どれくらいまで絞り込むのかというと、**「必要最小限、何人のお客様がいれば事業として成立するか」というレベル**までです。「目標売上高を達成するために必要なお客様数」や「最大のお客様数」ではなく、「最少のお客様数」がポイントです。

最少にまで絞り込むことで、思いきり尖った商品や提供方法を設計することができるようになります。それが特徴になって、「目標売上高を達成するために必要なお客様数」や「最大のお客様数」のときよりも、売上と粗利益率をアップすることができます。とくに粗利益率への貢献が大きくなります。

何を売るか

次に、**「提供する価値」**を決めます。その価値に基づき商品と提供方法を見直したり、再設計したりします。商品は、機能・品質・デザイン・成分／素材などに分解することができます。

これらのなかで、ペルソナがもっとも重視する要素を集中的に充実させ、強化します。「その要素は、すでに十分魅力的だからほかの要素を強化しよう」などとは考えないでください。**圧倒的に魅力のある要素を磨き続けることが独自化や差別化、ブランディングの強化につながります。**

そして次に、「その要素をさらに魅力的にするには、どの要素を充実させ、強化すればよいか」を考え、継続的に磨き続けていきます。

なお、致命的に弱い部分は、おそらく苦手な部分でしょうから、外注・連携などの手段を使って克服する方法を考えてください。

どのように売るか

お客様にとって魅力的な商品になると、次に必要になるのは「**どのようにしてお客様に提供するか**」です。

より魅力的になるように、お客様をランク分けしたり、数量・商圏・時間帯を限定したり、接客方法を工夫したり、流通チャネルを特定したりします。これらは、すべて「誰に」で特定したペルソナ（理想的なお客様像）の好みに設計して運営します。

そのために、店舗・工場・流通センター・サプライチェーン・倉庫などの物理的な施設・設備・什器《じゅうき》／備品を整備します。また、お客様に到達できる流通チャネルを構築します。

会社の経営は人間の体と同じで、全体として1つのものになっています。ですから、1つひとつのものがよくなければいけませんが、全体としてバランスがとれていなければ故障やトラブルの原因になります。また、もっとも弱い部分が全体の能力を決めるため、商品力があっても販売力が弱ければ売れません。逆もありえます。あるいは、商品力と販売力が強くても、物流が弱ければ、物流がネックになって思うように売れません。

このように、「どのように」売るかは、「誰に」「何を」と並んで、あなたの会社の盛衰を決定づける3つの要素の1つだと認識してください。

図19 商品と提供方法の設計シート（株式会社八城地建の例）

商品の設計		
	要素	定義
1	機能	高断熱・高気密
2	品質	棟数限定による確実な施工
3	デザイン	100%の要望を受け入れ
4	価格	3000万円前後の中価格帯
5	成分／素材	経年美が楽しめるレッドシダー使用
6	体験価値	非日常の暮らしの実現
7	商品ライン	デザイン×機能の組み合わせ

提供方法の設計		
	要素	定義
1	顧客の範囲	個性的な住宅を求める人
2	数量	年間10棟
3	時間／納期	納得いくまで打ち合わせに時間をかける
4	商圏	札幌市・北広島市
5	付帯サービス	不動産探し・保険・解体・リフォーム
6	販売方法	設計料の先払い
7	コミュニティ	なし
8	流通チャネル	ウェブサイト

メッセージの発信

どんなに魅力的な商品や提供方法を構築したとしても、市場に知らせなければ買ってもらえません。そのために、「情報発信」は非常に重要になってきます。

情報が氾濫している現在では、「買ってください」程度の「お知らせ」では買ってもらえません。**「誰に」で設定したペルソナに向けて、スポットライトをあてるように「あなたのための商品や提供方法です。あなたを絶対に満足させますので、ぜひ買ってください」というメッセージ（訴え）発信にしなければならないのです。**

メッセージの発信で、留意する点がもう1つあります。それは、**「お客様は、品質そのものではなく、品質に対するイメージを評価している」**ということです。

冷蔵庫で考えてみましょう。日本で販売している冷蔵庫で機能的に冷えないものはありません。また、耐久性の面でもすぐに壊れるものはありません。デザインも似たり寄ったりです。構造も似ています。では、お客様は何を基準に冷蔵庫を選んでいるのでしょうか？　間違いなく、メーカー名（ブランド）や販売店の対応です。つまり、イメージで買っているのです。したがって、メッセージの発信はイメージを重視する必要があるのです。

前述した藤屋式ニッチ戦略塾・塾生の簗林篤司さんが経営している、美容室のアンのメッセージは明確です。同社の事業コンセプトは「シャイなゲストと〝365日の美〟を共に創る美容室」です。メッセージの発信は、すべてこのコンセプトに沿っています。

多くの美容室では、お客様を席に案内すると、「今日はどうしますか？」と尋ねて、お客様の意向に沿って施術をはじめます。なかには「こうしましょう」と提案ではなく、髪型などを押しつける美容師もいます。

しっかりと自分の意見を主張できるお客様ならばよいのですが、内気（シャイ）な人は、不満を抱えながらも、それに従ってしまいます。その美容室が嫌ならほかの美容室に変わればよいのですが、どこに行っても同じような扱いを受けるので「どの美容室でも同じ」とあきらめています。どの会社にもいえることですが、お客様は不満や物足りなさなどの問題は認識しています。しかし、お客様はすべての解決策を知っているわけではありません。そのお客様に、「どうしますか？」と質問するほうが間違いなのです。

美容室のアンでは、まず「何か困っていること、気になることはありませんか？」と聞くようにしています。この方法だと、「してほしいこと」がわからない人でも、現状の不満は伝えることができます。たとえば、「髪が跳ねる」「べたつく」「パサパサになる」「すぐにふんわり感がなくなる」などです。

図20　メッセージ作成の3ステップ

ステップ1　誰に訴えるのか……対象顧客の特定

↓

ステップ2　何を訴えるのか……提供する価値

↓

ステップ3　どのように訴えるのか……メッセージとして

美容室アンの事例

誰に➡シャイなゲスト

↓

何を➡365日の美

↓

どのように➡シャイなあなたの美しさを
引き出しますというメッセージで

また、そのような状況を素直に話してもらえる環境づくりにも力を入れています。それが「同情する」ではなく「共感する」という思考です。お客様に寄り添うにしても、導くにしても、お客様のことを知らなければ寄り添うことも導くこともできません。

もちろん、髪のプロである美容師ですから、見て・触れば、どのようにするのが一番よいかすぐにわかります。しかし、見て・触っただけでは、お客様の気持ちまではわかりません。また、髪型は機能面だけでなく、ファッションの要素も強いため、絶対的な価値基準はなく、本人の価値観が大きなウエイトを占めます。したがって、美容室で絶対にやってはいけないことは価値観の押しつけです。

同社の主力商品はカットやトリートメントではなく、カウンセリング、的確な施術、365日の美をキープできるヘア関連商品です。つまり、カウンセリングや会話のなかからお客様に共感し、お客様がもっともなりたい本音を聞き出したり提案したりしながら、最適な施術を行います。そして、その状態が次の来店時までキープできるように、ヘアケア商品や器具をお勧めする。この一連のことが同社の主力商品なのです。

さて、「うちは美容室ですよ。ぜひ、ご来店ください」という情報発信と、「シャイなあなたが本当の自分を表現できるようになる美容室です。ぜひ、ご来店ください」というメッセージの発信では、どちらが、どのようなお客様の心に刺さると思いますか？

CHAPTER 2

強みを活かした「商品と提供方法」を設計する

マーケティングの理想は、販売を不要にすることである。マーケティングが目指すものは、顧客を理解し、製品とサービスを顧客に合わせ、おのずから売れるようにすることである。

『エッセンシャル版 マネジメント』

1

「現在の商品と提供方法」を分析する

「商品の特徴」を知る

ドラッカーは「強みが事業である」と述べています。また、ドラッカーは「自社の強みを知るには訓練を要する」ともいっているように、自社の強みは当たり前すぎて気づかず、自分たちが意識しているもの、努力しているものを強みと思いがちです。

そこで小さな会社の場合、「強みは何に表れるか」を考えると、どのような強みも「商品」と「提供方法」に表れます。さらに、「商品」と「提供方法」をいくつかの要素に分解してみました。

①機能：どんな働きがあるか？
②品質：どの程度のことができるか？

③価格：いくらでできるか？
④デザイン：どのような形状・色・香りか？
⑤成分／素材：何でできているか？
⑥付帯サービス：どのような便利さをつけ加えているか？

おそらく、これらはあなたの会社にもあてはまると思います。しかし、あてはまらないものがあれば、自社の商品の特性に照らして、必要な要素をつけ加え、不要な要素を取り除いてください。また、要素の数にこだわる必要はありません。

要素が決まると、それぞれの要素をライバルの会社と比べることで、要素ごとの優位性がわかります。なお、比較する際の評価基準は次の４段階です。

①独自化レベル：自社のみ
②差別化レベル：ライバルより優位性がある
③ライバルと同じレベル：ライバル並み
④ライバル以下レベル：ライバルより劣る

「提供方法の特徴」を知る

「提供方法」も商品と同じように、いくつかの要素に分解します。たとえば次のようにです。

①お客様の区別：ランク分けするか、分けないか
②数量：1個から対応するか、無限大に対応するか
③商圏：どこを対象地域にするか
④対応時間：限定するか、24時間365日にするか
⑤納期：納品のスピードをランク分けして価格に差をつけるか
⑥柔軟性：カスタマイズするか、既製品だけか
⑦販売方法：セルフか、接客か
⑧コミュニティ：つくるか、つくらないか
⑨流通チャネル：限定するか、複数にするか

提供方法もライバルと差がつくように定義してください。差がつかないようであれば、差がつくまで定義を見直してください。

2 「商品ライン」を決める

「主力商品」と「補助商品」の関係

商品には、お客様への導線のための「フロントエンド商品」と、本当に買ってもらいたい「バックエンド商品」があります。ドラッカーは前者を「**補助商品**」、後者を「**主力商品**」と位置づけています。「補助商品」は、その商品で利益を上げるというより、「主力商品」の販売に貢献する販売促進的な役割をもっています。一方、「主力商品」は売上も利益も大きい商品です。

たとえば、ジレットの安全カミソリの本体は、替え刃を売るための「補助商品」です。スマートフォンの本体も、使用料を得るための「補助商品」ととらえることもできます。

「商品ラインの拡大の誘惑」を抑え込む

事業が成功すると、その成功を活かしてもっと事業を成長させようとします。しかし、市場の一点にスポットライトをあてるような戦略で成功してきた事業が、商品ラインを増やすことによって焦点がぼやけてくるとともに、業績が悪化することがよくあります。

たとえば、ワークマンを見てみましょう。同社は、現場作業用の衣類専門チェーン店として業績を伸ばしてきました。そのため、「ワークマン＝丈夫でセンスがいい作業服の店」というイメージが定着しています。

その同社が「高機能×低価格のサプライズをすべての人へ」をコンセプトにした「ワークマンプラス」という店名で、アウトドア、スポーツ、レインウェアに進出しました。つまり、これからは「ワークマン＝アウトドア、スポーツ、レインウェアの専門店」となります。しかも、これは現段階での商品ラインです。今後はブランドと強みを活かして、さらに商品ラインを広げていくことでしょう。そうなったとき、消費者はワークマン＝何とイメージすればよいのでしょうか？

現在、ワークマンは作業服ブランドでトップブランドといえるでしょう。しかし、アウトドアではスノーピークが、スポーツウェアではナイキが、レインウェアではザ・ノース・

フェイスあたりがトップブランドです。

このように、商品ラインを広げると、それぞれのトップブランドと競合するようになり、そのジャンルのトップブランドを追い越さない限り、特徴がない商品の集まりにすぎなくなっていくのです。

したがって、商品ラインの拡大は自制しなければなりません。なお、「商品ラインの拡大の誘惑」には、次の5つの視点があります。

その1 「流通」の視点

充実した流通チャネルをもっていると、そのチャネルを利用して、ほかの商品を売ろうと考えます。しかし大手製造業の商品で、本当に売れているものは20%もありません。

その2 「製造ライン」の視点

製造ラインの稼働に余裕があると、ほかの商品をつくろうと考えます。しかし工場の稼働率を上げれば、そのぶんだけ固定費をまかなえると考え、魅力がない商品を製造して、逆に不良在庫をつくってしまうことになります。

その3 「販売力」の視点

優れた販売力で成功した会社は、どんな商品でも売れると思うようになりがちです。ダイエットジムからさまざまな分野の事業に手を出して失敗したライザップは、その一例です。

その4 「お客様のライフサイクル」の視点

赤ちゃんを対象にした商品を提供している会社は、少子化による市場の縮小を脅威に感じています。そこで、赤ちゃんの成長に合わせて、ローティーン向け、ハイティーン向けの商品にラインを広げていきたくなります。しかし、その会社の強みは、赤ちゃん市場ですから、強みではない市場に進出することになります。

その5 「地理的問題」の視点

ある地域で成功すると、ほかの地域でも成功すると思い、点から線、線から面の地域拡大を目指します。そうして、面展開が限界になると、現在の面を細分化しようとします。その結果、いきなり！ステーキのように、自社店舗間で客の奪い合いがはじまり、業績が悪化します。コンビニ業界も同じような状況になっています。

これらは、大きな会社に限ったことのように思えますが、規模の大小にかかわらず、小さな会社でも起こっています。たとえば、飲食店で成功すると、経営能力を超えた多店舗化を進めて破綻するケースは、あなたのまわりにもあるのではないでしょうか？

「価格設定」の視点

誰が何といおうと「よいものは高い」、これが常識です。よいもので安いものがあると、「何か裏があるのではないか？」と勘ぐってしまいます。これが消費者心理です。

あなたも、商品には自信がある、しかし高くすると売れなくなるのではないかと思い、ほかの商品より、少しだけ高い価格を設定している状態ではありませんか？　あるいは、しぶしぶ、他社と同じ価格にしている状態ではありませんか？

あなたの会社の商品は価格面だけ考えると、①安いから買う、②高いけど買う、③高いから買う、のどれになりますか？　もちろん、他社並みの価格であれば、いずれにも該当しません。

たとえば、1万円と1万1000円の商品では比較の対象になります。しかし、1万円と5万円の商品では比較の対象から外れます。そして、ほかに5万円の商品がなければ、競争が起きないため、その商品がお客様自身にとって5万円の価値があるか、今ほしいかだけが判断基準になります。一般商品ではありえませんが、ニッチな商品では十分ありえることです。

小林食品株式会社（小林大介社長／静岡県焼津市）という、かつお節メーカーがあります。同社には1万円の「ふりかけ」があります。同社は年間数百万匹のかつおを加工していますが、「1万円のふりかけ」に使用するかつおは、厳選した4000匹程度です。しかも、受注してから製造を開始するので、発送まで2週間かかります。

この商品に関しては、スーパーマーケットの食品売り場に並んでいる数百円のふりかけと比較することはありません。お客様の関心は、「1万円のふりかけが、自分や自分の大切な人に、何をもたらしてくれるか」だけです。

3

「ペルソナ好みの商品ライン」を設計する

商品ラインは「幅」と「深さ」で設計する

小さな会社が大きな会社に比べて優れているところは、仕組みが単純なことです。会社について分析するときは、「分類と分解」の2つの工程で分析できます。商品ライン（品ぞろえ）も例外ではありません。これは文章で説明するよりも、208ページの図21とともに次の事例で説明したほうがわかりやすいでしょう。

商品ライン内での各商品の位置づけ

藤屋式ニッチ戦略塾・塾生の田中伸一良さんが経営する株式会社和光（呉服販売／北海道札幌市／従業員はアルバイトを含めて30名）の事例をもとに、商品ラインの「幅」と「深さ」と「ライン間の関係」について解説します。

呉服市場は、1980年頃の1兆8000万円の市場規模から、昨今は2675億円にまで縮小したので、業界の人たちは絶滅危惧業界になったと悲観しています。そのようななか同社は、縮小したとはいえ2675億円も買ってくれるお客様がいることに着目し、ファンのニーズに細かく応えようと考えました。

ちなみに市場規模を調べると、バレンタインデーは1300億円、ハロウィンは1155億円、母の日は1200億円です。これらと比較しても呉服の市場規模は絶望的なものではありません。努力をしない経営者の方々が昔の栄華を懐かしんでいるだけです。

さて、田中さんは呉服業界のニーズを、高級仕立て着物、上質な大人カジュアル着物、リサイクル着物、振袖・袴などのレンタル、浴衣、和装小物に分類しました。そして、競争が厳しい高級仕立て着物を対象商品から除外しました。

そして、小売部門を【開発事業】として、振袖・袴・浴衣専門店、和装小物専門店、上質な大人カジュアル着物専門店、リサイクル着物専門店に分けました。

振袖・袴・浴衣専門店「KIMONONOHANA」は、若い人が多く集まるJR札幌駅の駅ビルに、和装小物専門店「KOMONOHANA」は、もう少し年代が上の人の通りが多いJR札幌駅からすすきのまで伸びるポールタウンに出店しています。また、上質な大

図21 商品ラインの事例

ライン名	KIMONO HANA パセオ店	KOMONO HANA ポールタウン店	KIMONO HANA おあつらえ	和ものや傳
ラインの特徴	振袖・袴・浴衣専門店	和装小物専門店	上質な大人カジュアル着物	リサイクル着物
商品ラインの深さ	京都丸紅レンタル	和装小物	仕立て着物	買取商品販売
	自社レンタル	和雑貨	プレタ着物	仕入れ商品販売
	髪飾り	着物	和装小物	着物買取
	浴衣	浴衣	浴衣	
	関連和装小物	オリジナル防寒商品	オリジナル防寒商品	
	着付け	着付け	着付け・仕立て・加工	

人カジュアル着物専門店「KIMONOHANAおあつらえ」とリサイクル着物専門店「和ものや傳」は、地下鉄大通駅近くにそれぞれ出店しました。

このように、不特定多数のお客様に来ていただきたい店は駅ビルや地下街、ゆっくりと見たいお客様向けの店は路面や路面のビルに入居しています。そして、上質な大人カジュアル着物専門店は着物ファンを増やすために、着物の知識やコーディネートの仕方などをInstagramでライブ配信しています。

その結果、絶滅危惧のはずの呉服の売上が、前年比30％アップの勢いで伸びています。また、和装小物専門店は他社と競合になることはないので、他店からも「あそこの和装小物店は、品ぞろえが充実していますよ」と、お客様に紹介していただけるようになりました。

4

衰退期や特徴がない商品・サービスをよみがえらせる方法

コモディティ商品から脱却する

たとえば、日用品やガソリンなどのように一般化して差別化するのがむずかしく、価格以外で違いを打ち出すことができなくなってしまった商品のことを「コモディティ商品」といいます。ところが、差別化が不可能と思われるようなコモディティ化した商品やサービスでも、イメージや用途を変えることで独自化や差別化した商品に転換できることがあります。

その方法は9つあります。これらを組み合わせると、類似商品のなかに埋没している商品や陳腐化している商品がよみがえります。

その1　専門特化する

「専門」という言葉には、知識があるとか、スキルが高いというイメージがあります。そこで、**思いきりニーズを絞り込んで「○○専門」と打ち出せば、特徴が出てきます。**

たとえば「餃子専門店」にすると、中華料理店の餃子よりもおいしいのではないかと思ってしまいます。また、ラーメン店では、「激辛専門」と打ち出せば、辛い味が好きな人にとって一度は入ってみたいお店になります。ほかにも、マッサージ店の看板に「ガチガチ専門」とあれば、肩こりがひどい人には魅力的に感じます。これが「専門」の効果です。

整骨院の場合、治療の部位（体の場所）は肩・腰・膝で80％になるそうです。そこで、「肩・腰・膝専門の整骨院」にすると「イメージとしての専門効果」ができ上がります。藤屋式ニッチ戦略塾・塾生の高桑久泰さんが経営する拓北ひまわり通り整骨院（北海道札幌市）は、そこに着目して「肩・腰・膝専門の整骨院」としました。

整骨院に従事する人たちは、「何をバカな！　肩・腰・膝専門なんて当たり前すぎて専門じゃない！」と思うでしょう。しかし患者さんは、そんな業界内部の事情などわかりません。ですから、肩が痛いとき、腰が痛いとき、膝が痛いときには、専門の整骨院のほうが早く治るのではないかと考え、この整骨院に行こうと思います。

近隣に「肩・腰・膝専門の整骨院」がなければ、同院は非競争の市場をつくり出したことになります。しかも、このネーミングにコストはかかりません。つまり、同院は**「専門効果」**と**「ネーミング効果」**というコストがかからない方法で、他院と差別化することに成功しました。その結果、２０２０年10月の問い合わせ件数と、同年11月の来院数は、過去最高を記録しました。

その2　Ｎｏ．１化する

95％の人は自分で判断できずに、みんながよいと思うものをよいと思う傾向があります。この心理を利用したのが「Ｎｏ．１化」です。つまり、**普通の消費者は「一番売れているのは、もっともよい商品に違いない！」と考える**のです。

たとえば、Amazonの書籍サイトを見ると、じつに多くのジャンルに分類して、多くのニッチトップ（Ｎｏ．１）をつくり出しています。それは、単純にＮｏ．１にするとよく売れるからです。Amazonだけでなく、多くの書店で、今週の売れ行きランキングの棚をつくっています。また、コンビニやドラッグストアでもランキングを見かけます。

あるいは、Googleの検索のトップに表示されるように各社が努力するのも、１ページ目の一番上（Ｎｏ．１）がもっとも閲覧されるからです。これが「Ｎｏ．１効果」です。

その3　価格でブランディングする

世界一の小売業は、アメリカに本社を置くウォルマートです。同社のコンセプトは「エブリデイ・ロープライス」(毎日、圧倒的な安売りをすること)で、低価格でブランディングしました。反対に、アイスクリームのハーゲンダッツ、チョコレートのゴディバなどは高価格でブランディングしています。

しかし、中途半端な価格だとブランディングすることはできません。したがって、価格でブランディングするときは、高すぎるか、安すぎるかのどちらかを選択しなければならないのです。ただし、**小さな会社は安すぎる価格で利益を出すことはできませんので、高すぎる価格のほうを選んでください。**こだわりが強いお客様の問題を解決する商品や提供方法にすると、それが嗜好品になりますので、価格はそれほど気にならなくなります。逆に、高いからこそ商品や提供方法に価値があるというイメージが出てきます。

その4　売り方を変える

特徴のない商品や、衰退期に差し掛かった業界で、常識的な売り方をしていたのでは、売れませんし、利益も取れません。

たとえば、前述した呉服販売の株式会社和光は、従来どの店舗でも着物や和装小物を販売しており、店舗ごとの特徴がありませんでした。しかし、呉服販売業は絶滅危惧業種です。特徴がなければ生き残ることができません。そこで同社は、①若者向けの浴衣販売や卒業式用の袴・成人式向けの着物をレンタルする「KIMONOHANA」、②和装小物専門店の「KOMONOHANA」、③着物が好きな大人向けの「KIMONOHANAおあつらえ」、④着物買取リサイクル「和ものや傳」と、それぞれ特徴（コンセプト）をもった売り方に変えました。

とくに②和装小物専門店の「KOMONOHANA」は、不採算店だった呉服販売店を、札幌市に1店舗しかない和装小物専門店に切り替え、開店当月から売上目標を大きく上回る店舗になりました（なお、浴衣や防寒商品などの季節商品は、各店舗で販売することもあります）。

その5　商品名を変える

同じ商品の場合、「おからクッキー」と「ダイエットクッキー」では、どちらが売れると思いますか？

もちろん、商品名の訴求力は対象とするお客様によって異なります。後期高齢者向けであれば「おからクッキー」のほうが売れるかもしれません。しかし、少なくとも60代以下向けであれば「ダイエットクッキー」のほうが売れるでしょう。また、高くても売れるでしょう。それは、言葉からくるイメージに違いがあるからです。

おからは豆腐の搾《しぼ》りかすでつくるもので、後期高齢者にとってはなじみがある商品です。しかし、60代以下にはなじみが薄い言葉で、「おからクッキー」はイメージできません。できたとしてもマイナーなイメージがつきまといます。しかし、「ダイエット」はつねに気にしていることであり、そのためのクッキーだというイメージはすぐに湧いてきます。

また、「お金をかけてでもダイエットしたい」という人も多くいます。その人たちにとって、「いくら食べても太らない」というメッセージにもなります。実際、「おからクッキー」から「ダイエットクッキー」に商品名を変更したことで売上は急増しました。なお、売れない商品の商品名を変えても、もともと売れていないのですからリスクはありません。

藤屋式ニッチ戦略塾・塾生の沢辺雅斗さん（有限会社ドッグサロンビークラブ／4店舗のなかの1つ、ビークラブ猫店店長／茨城県つくば市）は、猫専門のブリーダーです。

沢辺さんのeメールのアカウント名は、【猫好き必見！　猫の本質が解る猫専門ブリーダー】です。このコンセプトをもとに、ホームページや動画サイトを見直していきました。

すると、コロナ禍で猫ホテルの稼働が壊滅的な状況にもかかわらず、ビークラブ猫店の2020年8月の売上は前年比210％を記録しました。これも、「専門効果」と「ネーミング効果」のおかげです。

なお、沢辺さんは「他店で断られるような猫ちゃんでもトリミングできる」といっています。その理由を沢辺さんに尋ねると、「猫の気持ちがわかるから」と笑っていました。でも、本当のところは猫の体の構造を知っているので、猫が嫌がらない扱い方がわかるのだそうです。それでも、トリミングするときに、暴れたり、引っかいたりする猫がいます。そのときでも、手袋をつけずにトリミングします。そのため、沢辺さんの腕は傷だらけです。そこまでするトリマーはいません。

これは、猫好きな方にとって大きな価値です。価値を提供していることに気づいた沢辺さんは、全体のサービス料金を20％アップし、他店の2倍になったのですが、お客様が減ることはありませんでした。専門性を打ち出し、その裏づけが納得できると、お客様はその価値に対して適性な料金を払ってくれるということです。

ちなみに、現在の沢辺さんのeメールのアカウント名は、【猫好き必見！　猫の本質が解る猫専門ブリーダー】ですが、藤屋式ニッチ戦略塾への入塾前のeメールのアカウント名は、【ビークラブ猫店】でした。ビフォーアフターを比べると、その差は歴然としていて、売上と単価が伸びるわけがわかります。

その6 商品の性格を変える

ドラッカーの著書『イノベーションと企業家精神』のなかで紹介されている有名な事例の1つに、**「食べ物を腐らせないための冷蔵庫を、酷寒の地方で食べ物を凍らせないための保温庫として売る」**があります。また前述した、土木機械の潤滑油を、潤滑油が原因で土木機械が故障したら、故障した期間の損害を補償する保険として販売し、アメリカの潤滑油市場のトップシェアに躍り出た中小企業の事例もあります。どちらも商品の性格を変えて成功しました。

私が主宰する美容室専門 生産性アップ塾・塾生の江尻千香子さん（株式会社clear／大阪府羽曳野《はびきの》市／従業員6名）は、それまでこれという特徴を打ち出していなかったのですが、「エイジングケア」に特化しました。さらに、エイジングのためには「ホームケアも大切」ということも、はっきりと打ち出しました。つまり、「髪をきれいに整える美容室」から「エイジングケアの美容室」に店（商品）の性格を変えたのです。

それとともに、現役バリバリのオーナースタイリストである江尻さんは、10年後、20年後のことも考え、自分ひとりで60％くらいあった売上比率を引き下げようと考えました。

そのため、自分の指名料を３０００円と打ち出したのです。そのことによって、継続してくださるお客様、一部を江尻さんにお願いしてほかのスタイリストでもいいといってくださったお客様、店を離れていったお客様に分かれました。

２０２０年のコロナ禍で、江尻さんの美容室は4月の売上が半分になったにもかかわらず、11月までの対前年比の売上高は１２５％となりました。そのうえ、江尻さんの売上比率は30％くらいまで下がりました。それは、お店（商品）の性格を変え、それに魅力を感じて来店してくれるようになった新規客が１５６％にも増えたからです。

その7　用途を開発する

計算機だったソロバンを脳トレの考具として販売したことは前述しました。ほかにも事例はたくさんあります。刻み海苔のための5連刃のはさみを開発したら、お客様が勝手に機密性が高い書類を裁断することに使いはじめました。その用途に気づいた製造元は、事務用品の「はさみシュレッダー」としても売り出すことにして売上を飛躍させました。

その8　権威に認定してもらう

製造業では、国や地方公共団体が設置した公設試験研究機関があります。そこで、商品の機能・性能・効用・成分などを評価してもらえれば、無名の小さな会社の商品でも、信頼してもらえるようになります。

現在では、Amazonでの販売が「権威に認定してもらう」ことにあたるでしょう。Amazonは、出品する業者を厳しく審査しているからです。あるいは、YouTubeに継続的かつ多数の動画を投稿して、YouTubeとGoogleの検索のトップページに表示されるようにする方法もあります。これはNo．1効果とも考えられますが、YouTubeやGoogleといった検索分野の権威に認定してもらったことにもなります。

前述の株式会社ジーコンコーポレーションは、新しい別事業を立ち上げるに際して、静岡県中部地区HOSO協議会が主催する「しずおかビジネスプランコンテスト」にエントリーして、新規事業部門で最優秀賞を受賞し、公的機関（権威）に事業の確かさを認定してもらいました。これは営業活動に大きなプラスになっています。

その9　ブランドの顔をつくる

マヨネーズそのもののイメージを識別する方法はありませんが、赤いキユーピーのキャラクターがあると、「キユーピーマヨネーズ」だと識別できます。これが、ブランドの顔をつくるということです。

図22　ブランドの顔をつくる

小さな会社の商品やサービスは、市場で識別してもらうことはできません。しかし、ブランドの顔をつくることで特徴を打ち出すことは可能です。たとえば、ロゴマークをつくったり、動物のイラストをパッケージに印刷したりすることでも記憶に残りやすくなります。

ちなみに、弊社のロゴマークは、藤屋のFと、ドラッカーのDを組み合わせ、色は「Cool Head but Warm Heart」（冷静な頭脳と温かい心）を表す青と赤を使っています。それに、塾生がつけてくれたニックネーム「ニッチ先生」と似顔絵を加えました。

5 「マーケティング」と「セールス」は車の両輪である

マーケティングの目的は、販売をなくすこと

マーケティングの目的は「売れる仕組みをつくること」です。一方のセールス（販売）の目的は「売る仕組みをつくること」です。前者は買いたくなる仕組みをつくることであり、後者は頑張って売ることです。

したがって、すべての会社は、まず「売れる仕組み」をつくることに集中しなければなりません。つまり、**対象とするお客様がほしいものを、望む方法で買えるような仕組みをつくることです。**

マーケティングの目的は「売れる仕組みをつくること」からわかるように、マーケティングは販売だけに関する手法ではありません。「市場ニーズの把握」「自社の強みの認識」「対象とするお客様の決定」「提供する価値の決定」「商品・サービス・提供方法の決定と仕組みづくり」「メッセージ発信の仕組みづくり」これらすべてに関わる考え方であり、手法です。

通信販売＝ダイレクト・マーケティングと勘違いしている人がいますが、あれはマーケティングの一部にすぎません。おそらく、最初に通信販売を「ダイレクト・マーケティング」と命名した人がいて、それがそのまま普及したものです。ですから、マーケティングが正しく理解されずに、矮小化《わいしょうか》して理解されているのです。

「背中を押してもらわないと決断できない人」が圧倒的に多い

「95％の人は自分で決めることができない」と前述しました。とくにはじめての会社から買うときや、はじめての商品やサービスを買うときには、ほとんどの人がためらってしまいます。その**ためらっている人の背中を押すのが、販売（販売促進を含む）です。**

販売には、人的なセールスをはじめ、いわゆる一般的に「マーケティング」といわれている試供品や無料体験・パンフレット・チラシ・店頭でのPOP・販売員のセールストーク・プライスカード・ホームページ・DM・SNSでの情報発信などがあります。

「あなたの会社を知ってもらう方法」としての販売行為

どんなによい商品やサービスでも、対象とするお客様が知らなければ買ってもらえません。**販売は、あなたの会社の商品やサービスの魅力を知ってもらうための、市場やお客様に向けての「情報発信」「メッセージ発信」「コミュニケーション」**と言い換えたほうがわかりやすいかもしれません。「情報発信」と「メッセージ発信」は、あなたの会社から対象とするお客様に向かっての「お知らせ」と「訴求」です。コミュニケーションは意思疎通ですから、あなたの会社とお客様の双方向の「お知らせ」と「訴求」になります。

次のページにある「ジョハリの窓」をもとに、販売をコミュニケーションとしてとらえて、現在の状況を把握してみてください。4つの窓に具体的な項目を書き込むと、対象とするお客様とのコミュニケーションの状況が明らかになります。

自社のことはわかっているつもり、自社のことだからわかっているはず、お客様には伝えているつもり、だから、お客様はわかっているはず、と考えているかもしれませんが、実際は**「つもり」**と**「はず」**がけっこうあります。この「つもり」と「はず」を解消するだけでも、売上はかなり伸びますし、値上げも可能になります。ぜひ、上得意のお客様に確認してみてください。

図23 「ジョハリの窓」で表すコミュニケーションの状況

あなたの会社の魅力を

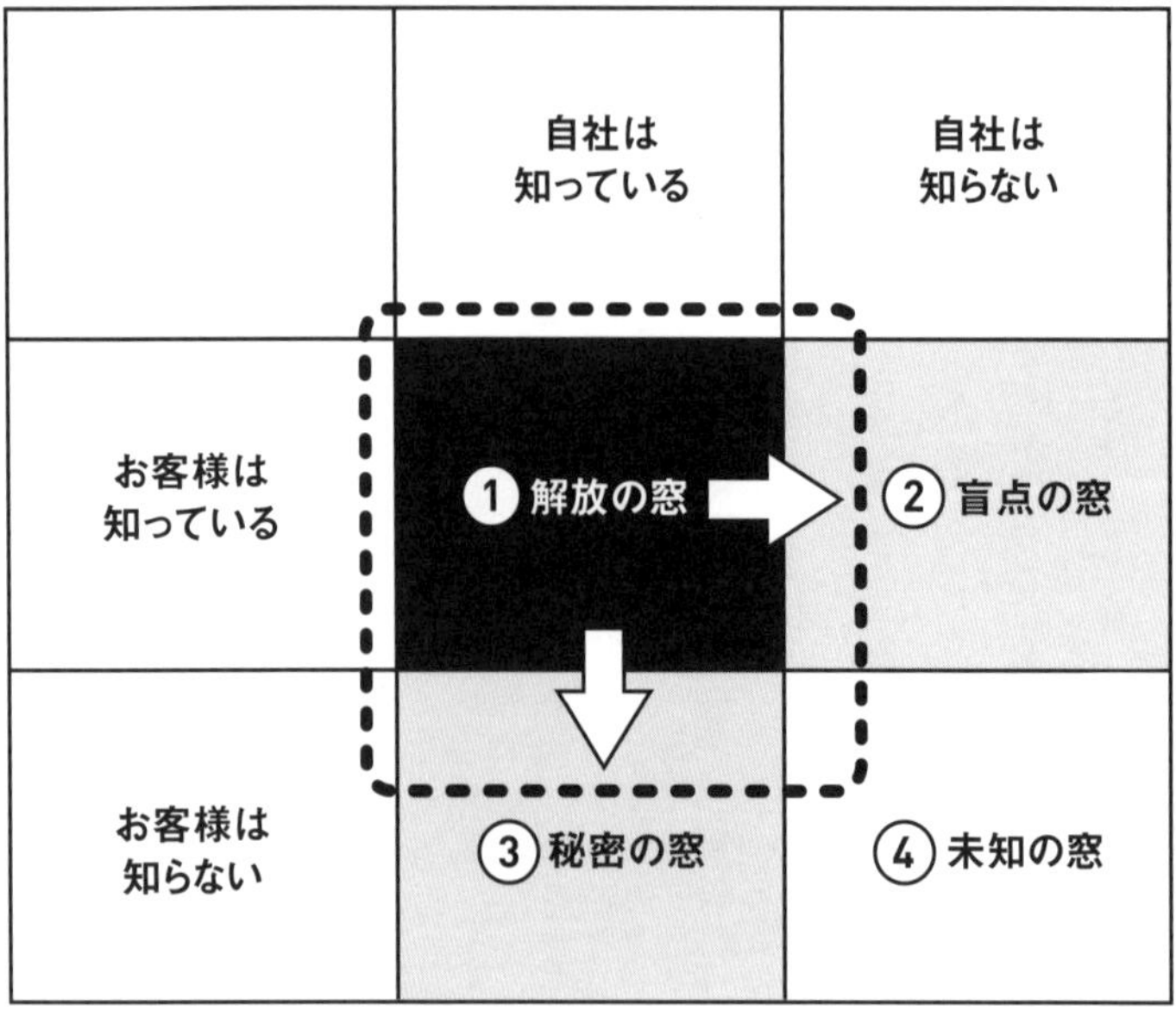

① 深堀りする

② お客様に聞く

③ メッセージ発信をする

④ ②と③でなくす

図の横の軸は、あなたの会社の魅力を「自社は知っている」と、「自社は知らない」に分けています。縦の軸は、あなたの会社の魅力を「お客様は知っている」と、「お客様は知らない」に分けています。この2つの軸から、次の4つの象限（窓）に分けることができます。

①自社も知っているし、お客様も知っている「解放の窓」。たとえば、商品Aの精密さは、自社も「ウリ」にしているし、お客様も魅力と感じている

②自社は知らないけれど、お客様は知っている「盲点の窓」。たとえば、対応の早さについて、自社は当たり前だと思っていたが、お客様にとっては魅力的だった

③自社は知っているが、お客様は知らない「秘密の窓」。たとえば、商品Bの素材には徹底的にこだわっているが、それをお客様に伝えていなかった

④自社もお客様も知らない「未知の窓」

「解放の窓」ではコミュニケーションが成立しています。「盲点の窓」と「秘密の窓」では、コミュニケーションは成立していません。「未知の窓」では、そもそもコミュニケーションが存在していません。

CHAPTER 3

「お客様とのコミュニケーション」が上手な会社が生き残る

仏教の禅僧＝中略＝の公案に、「無人の山中で木が倒れたときに、音はするか」との問いがある。今日われわれは、答えが「否」であることを知っている。音波は発生する。だが音を感じる者がいなければ、音はしない。音波は知覚されることによって音となる。ここにいう音こそ、コミュニケーションである。

『エッセンシャル版 マネジメント』

1 コミュニケーションの成立要件

「受け手」に認識されること

コミュニケーションは、受け手に認識されてはじめて成り立ちます。ですから、情報やメッセージは、対象とするお客様にわかる言葉で、受け取りやすい方法で発信してください。そうしないと、コミュニケーションは成立しません。

つまり、**「誰に・何を・どのように発信するのか」を、つねに意識して行わなければならないのです。**対面でのコミュニケーションは、このことを意識しますが、ネットや紙媒体になると相手の反応がリアルに見えないため、ついつい忘れがちになってしまいます。

ドラッカーは**「大工と話すときは、大工の言葉で話さなければならない」**といっています。しかし、お客様に対して業界用語で話したり書いたりしている会社や人がたくさんいます。あるいは、LCC（ロー・コスト・キャリア：格安航空会社）やSTP（セグメンテーション・ターゲティング・ポジションを表すマーケティング用語）などのように英語の略語を多用する人もいます。まるで、自分の知識を自慢したいように感じます。しかし、業界用語や略語を使わないお客様のほうが圧倒的に多いので、嫌悪を感じる人すらいます。

表現は、対象にしたいお客様の言葉にしなければなりません。小さな会社のお客様の多くは、業界用語や略語に縁がない人たちです。これらの言葉は「禁句」と認識して、つねにお客様が使う言葉でメッセージを発信してください。

「受け手」に期待させること

人は、自分が期待することしか受け入れません。それ以外の情報はＢＧＭか雑音にすぎません。あなたが発信した情報やメッセージを受け入れてもらうために、日頃からあなたの会社や商品・サービス・提供方法に関心をもってもらえるような環境をつくっておく必要があります。「買ってください」だけの情報発信やメッセージ発信は、コミュニケーションではありません。逆に、嫌われるだけの雑音と思われてしまいます。

ところで、いろいろな会社のFacebookやInstagramを見ていると、対象にしたいお客様に「何をアピールしたいのか」がわからないものがほとんどです。逆にいえば、あなたの会社に「何を期待してもらいたいのか」がわからないのです。とりあえず、情報を発信しなければいけないので、思いつくままに発信しているようにさえ感じます。そこには、**受け手の期待が欠落しているのです。**

「受け手」への要求を明らかにすること

お客様とのコミュニケーションの最終目的は、買ってもらうことです。「はっきりいわなくてもわかってくれるだろう」などという甘い希望は捨てましょう。**買ってもらうためのコミュニケーションでは、はっきりと「買ってください」と意思表示してください。**そうしなければ買ってもらえません。

そんなことをいうと、「お客様が離れていってしまうのではないか」と心配するかもしれませんが、押し売りするから離れていってしまうのです。お客様にとって、本当によいと思う商品や提供方法であれば、お勧めしないほうが「みずくさい」のです。

それに、買う・買わないはお客様に選択権があります。そもそも買わない人はあなたの会社のお客様ではありません。ですから、お客様から「みずくさい」と思われないように、よい商品や提供方法はぜひお勧めしてください。

「コミュニケーション」と「情報」の関係を理解すること

「コミュニケーション」は主観的なものです。主観的であればあるほど濃いコミュニケーションが図れます。各種のファンクラブでは、対象となるヒトやモノが好きということで、会員同士の絆は強くなります。つまり、好きは主観的なもので、好きであればあるほどコミュニケーションは深まります。

反対に、「情報」は客観的であればあるほど有効性が増します。「コミュニケーション」と「情報」は別物ですが、前提となる「情報」を共有できなければ、「コミュニケーション」は成立しません。

たとえば、あなたの会社が「品質第一」といっても、「品質とは何か」という認識があなたの会社とお客様で一致していないかもしれません。そうすると、いくら「品質第一」と強調してもお客様の心には響きません。そこで、弊社の品質とは「精密性です」「おいしさです」「耐久性です」「安全性です」など、**共通認識が得られるように「情報」を共有しなければなりません**（ただし、「品質第一」「お客様第一主義」「安心」「安全」などは、特徴を具体的に打ち出せない多くの会社が使っているので、お客様にはほとんど記憶されることはないと認識してください）。

2 誰とコミュニケーションするか

「買ってほしい人」にだけ買ってもらう

コミュニケーションは、「誰に・何を・どのように」が重要です。このことは繰り返しいっているので、あなたは「しつこい。いい加減にしろ！」と感じているかもしれませんね。それを承知のうえで繰り返し述べているのは、**ほとんどの小さな会社が「誰に・何を・どのように」で、メッセージの発信ができていないからです。**

あなたの会社では、「誰に買ってもらいたいかの理想的な人物像（ペルソナ）」を設定できていますか？　逆にいえば、「こんな人（会社）には買ってほしくない」という意思表示をしていますか？

もし、していないならば、「誰に売りたいか」を明確にできていないと考えてください。「思っていること」「わかっていること」と「やっていること」は違います。会社の経営は、やっているかどうかで結果が変わってきます。

「みなさん」ではなく「架空の○○さん」を対象にする

買ってほしい人だけに買ってもらうためのメッセージの発信で、「みなさん！」と呼びかけていることはありませんか？「みなさん」では、情報氾濫の時代に、誰も注目してくれません。

反対に、**特定の人（ペルソナ設定でつけた名前の「○○さん！」）に呼びかけるつもりだと、すぐに本題に入っていけます。**

たとえば「○○さん」だと、「こんなことで困っていますよね？」と、すぐにペルソナの問題提起から入っていけます。そうすると、対象とするお客様も「そうなんだけど、解決策でも提案してくれるの？」と関心をもって呼びかけに応じて（読んで・見て）くれます。

3

「コミュニケーションのテーマ」を特定する

お客様にとって、商品は「問題解決の手段」にすぎない

お客様と商品を供給する側に認識の違いが生じるのは、お客様は「価値」を買っているのに、商品を供給する側は「商品」を売っていると思い込んでいるからです。**お客様が買っているのは、価格に見合う価値であり、満足であり、不満の解決方法なのです。**

ですから、お客様から見れば、価値観に合うもの、問題を解決してくれるもので、コスト・パフォーマンスがよいものであれば、問題解決の手段である商品にこだわることはありません。

不満の解決策になると思うもの以外は、すべて無視されます。また、情報過多の時代では、あいまいなもの、わかりにくいものもすべて無視されます。たんなる雑音であり、BGMにもなっていません。BGMであれば、お気に入りの楽曲には反応してもらえること

がありますが、雑音だと遮断されます。たとえば、あなたの会社のメルマガが解除されるのは、雑音としてしか認識してもらえていないからです。

コミュニケーションのテーマは「お客様の問題解決」

お客様の脳は、自分の基本的な欲求（生存欲求、安全欲求、社会欲求、自己実現欲求）を満たすことに集中して情報収集します。まず、その構造を押さえることです。たとえば、求めているものが安全の確保であるならば、その対象とするお客様の「安全確保」に焦点をあてたメッセージを発信することです。そこからしか、お客様とのコミュニケーションはスタートしません。

CHAPTER 4

メッセージ発信が「販促業務」から「戦略業務」に変わった

企業の資源と労力を、有意義な経済的な成果に
あずかる機会に適切に配分することである。

『P.F.ドラッカー　経営論』

1

「情報発信」から「メッセージ発信」へ

インターネットの時代は、「メッセージ発信」の重要性が増してくる

eコマース(インターネットでの販売)が急速に普及し出したことを受けて、ドラッカーが2002年に書いた『ネクスト・ソサエティ』には、次のような記述があります。

今日ほとんどの事業において、配達は後方支援業務のひとつとして、事務職員が担当する日常業務である。よほどの問題が起こらないかぎり、定型の業務にすぎない。ところがeコマースにおいては、配達が差別化の最大の武器になる。決定的に重要なコア・コンピタンス(中核的な強み)となる。いかに強力なブランドであっても、配達のスピード、確実さ、顧客対応が決定的な競争要因となる。

今日、ドラッカーのこの指摘は現実のものになっています。ドラッカーはインターネットが爆発し、eコマースが急成長することは予測していましたが、２００９年に亡くなったため、５Ｇ（5th Generationの略で、４Ｇよりも格段に性能が向上した移動通信システム）の現実までは見届けていませんでした。

私は、今もしドラッカーが生きていたら、配達が戦略業務になったのと同じように、メッセージ発信が戦略的な業務になると指摘すると思っています。天文学的な量の情報が発信されるなかで、**スポットライトのように、対象にしたいお客様にピンポイントで発信するメッセージでなければ、対象にしたいお客様に届きません。**届かなければ、買ってもらえる可能性はゼロです。

情報はたんなる「お知らせ」

対象とするお客様が、あなたの会社やあなたの会社の商品を知らなければ、買ってもらえる可能性はゼロです。つまり、**「ビジネスは知られてナンボ」**なのです。

現在、インターネットやＳＮＳには情報が氾濫しています。これが５Ｇの時代になると、さらに情報はあふれ返ります。したがって、あなたの会社もしっかりしたメッセージ発信の仕組みをつくって対応しなければ、存在さえも忘れられてしまいます。逆に、しっかりした対応をすれば、進化したインターネットやSNSを味方にすることができます。

小さな会社では、情報発信のイメージが「お知らせ」程度のものになっているところが多いです。とくにSNSでは、「コミュニティ」を意識した専門家のアドバイスは「コミュニティだから、販売を意識したコテコテの情報発信はNG。みんなが引いてしまう」になりがちです。

SNSを仲間づくりのコミュニティとして活用する場合は、そのような認識で正しいかもしれません。しかし、ビジネスとして活用する場合は別です。多くの人に好かれるのではなく、お客様づくり、ファンづくり、信者づくりが目的ですから、「お知らせ」程度では、ほとんど印象に残りません。

もちろん、サイト運営の趣旨を逸脱したものはNGですが、趣旨の範囲内での活用法を模索してください。あるいは、ビジネスに使えないようなSNSサイトを利用していることが問題だと考えてください。たとえば、LINE公式アカウント、Instagram、YouTubeでは、ビジネスに関するメッセージ発信は問題ないようです。

メッセージは「訴えかけ」

ドラッカーは、「人には読む人と聞く人がいる」（『経営者の条件』）と述べています。そして、次のように続けています。

> 読む人に対して口で話しても無駄である。彼らは、読んだ後でなければ聞くことができない。逆に、聞く人に分厚い報告書を渡しても紙の無駄である。耳で聞かなければ何のことか理解できない。

動画が当たり前になってきた現代では、「読む人」と「聞く人」に「視聴する人」を加えなければなりません。この3つのタイプの人は、情報収集の手段が異なります。それぞれに合ったメッセージ発信の媒体を選んでください。

たとえば、私自身は「書いて伝えるほうが得意なタイプの人間」のため、主に著書やメルマガでメッセージを発信しています。したがって、私のペルソナ（理想的なお客様像）は、読む人です。その補助手段としてLINE公式アカウント、Facebookでの告知も行っています。

はじめの頃は、どうしてもアクセス・友だち・フォロワーの数が気になって仕方ありませんでした。しかし、理想事業を再設計し、「100人の中小企業の経営者の方に熱心なファンや信者になってもらえれば、事業として成り立つ」と割り切ってからは、思いきり絞り込んだペルソナを設定したビジネスモデル（仕組み）づくりを進めるとともに、ペルソナに向けたメッセージを発信するようになりました。メッセージを届けたい人も明確ですから、愛称「ニッチ先生」としてのスタンスで、本当に伝えたい人に、伝えたいメッセージを配信しています。

「伝えたいメッセージ」から「知りたいメッセージ」へ

質問です。あなたもGoogleで検索することがあると思いますが、その目的は何ですか？　そして、検索で知りたい情報があるホームページを訪問したとき、一番先に目に飛び込んでくる情報は、どのようなものですか？　それはあなたがもっとも知りたかった検索のキーワードを知るための情報ですか？　それとも、その会社がもっとも訴えたいことですか？　それを見たときに、どのような感じがしますか？

多くの会社のホームページは、閲覧者が知りたい情報ではなく、その会社が伝えたいメッセージになっています。もっとも、メッセージになっていればまだよいほうです。デザインばかりにこだわって、「お知らせページ」にもなっていないホームページがほとんどです。あるいは、自社の思いを長々と書いているホームページもあります。

ある金属加工の会社の実話です。二代目社長はアットホームな雰囲気の会社を目指していました。そこで、ホームページのトップページの一番上の画像に、高齢の社員がお孫さんと楽しそうに遊んでいる写真を貼っていました。これは典型的な「プロダクトアウト的な発想でつくったホームページ」の例です。ホームページを訪問する人にとって、何の価値もない情報です。

このような発想でつくったホームページを見て、あなたはどう思いますか？　そこで重ねて質問です。あなたの会社のホームページは、閲覧者をがっかりさせるようなホームページになっていませんか？　それとも、閲覧者がクリックせずに必要な情報またはメッセージを受け取れるホームページになっていますか？

また、トップページで概要をつかんで、目的の情報を記載しているページに行きたくなるようなホームページになっていますか？

「ペルソナが知りたい情報」を一番目立つところに置く

ホームページのトップページの上のほうには、「ペルソナ的なお客様が知りたいこと＝あなたの会社のメッセージ」を置きます。

お客様はめんどうくさいことは嫌いますが、本当に価値がある情報には、ちゃんとお金と時間をかけてくれます。トップページで興味をもてば、関連するページも見てくれます。逆にいえば、あなたの会社が発信するメッセージ（お客様にとっては有益な情報）に価値を感じてくれる人に向けてのホームページにすればよいのです。

メッセージはストーリーにすると伝わりやすい

突然ですが、「$\sqrt{2}$の解、$\sqrt{5}$の解は何ですか？」と聞かれて答えられますか？　数学が苦手だった私でも、1・41421356（一夜一夜に人見頃）、2・2360679（富士山麓にオウム鳴く）と即座に答えることができます。これを覚えたのは、今から50年近く前です。しかし不思議なことに、いまだに覚えているのです。文系の私にとって、もっと大切なことがたくさんあったはずなのに。

これらの数値は語呂合わせで覚えたものです。この語呂合わせも「ストーリー」の1つです。これが、「ストーリー」の威力です。**「ストーリー」とは、事実（情報）に意味（価値）をもたせるものです。**

たとえば、「妻が死に、その半年後に夫が死んだ」は事実です。これに対して、「60年連れ添った最愛の妻が死に、悲しみのあまり、あとを追うように半年後に夫が死んだ」が「ストーリー」です。前者に対しては「フーン」ですが、後者には「寂しかったのだろうな」と感情移入することができます。さて、あなたの会社のメッセージ発信は、前者になっていますか、後者になっていますか？　前者であれば、すぐに後者に切り替えてください。記憶に残るメッセージになります。

藤屋式ニッチ戦略塾・塾生の南美春さんが経営する株式会社seed（大阪府泉南郡日尻町／従業員21名）は、チーズケーキや焼き菓子を製造販売している会社です。同社で使う素材は無添加を基準にしています。それは、あることがきっかけでした。

南さんは、子どもが小さいときに食べさせようと思って手に取ったお菓子の成分を見て「ゾッ」としました。あまりに多くの添加物が入っていたからです。そこで、子どもには安全でおいしいものを食べさせようと決めました。

子どもたちも喜んでくれますし、何よりも子どもたちのためになることをしているという満足感もありました。どうせなら、ほかの子どもたちにも体に優しくておいしいものを食べさせてあげたいと思うようになり、起業に踏み切りました。

同社は、創業の精神から、素材には徹底的にこだわってきました。大切につくられた素材を厳選し、保存料、合成着色料などいっさい使用していません。同社がある南大阪は、幸いにも農産物の宝庫のため、地元の農家が想いを込めてつくった四季折々の自然の恵みをチーズケーキづくりに活かしています。このようなことがホームページに書かれていれば、子どもをもつ親に共感してもらえます。また、普段から健康に気をつかっている人たちにも共感してもらえます。

なお、同社は、このような取り組みが認められ、日本経済新聞の「魂の声―2030年に残したい企業―」に選ばれました。

メッセージは「お客様の成功物語」に結びつけること

人は他人の自慢話には、まったく関心がありません。関心がないどころか、不快になるときもあります。つまり、お客様は「あなたの会社の商品や提供方法の自慢」にはまったく、関心がないのです。

お客様の関心ごとは、その商品や提供方法が、自分や自分の大切な人に「どのような貢献をしてくれるか」「どのような満足を提供してくれるか」だけです。したがって、お客様に関心をもってもらえるメッセージにするには、お客様の成功・幸せ・悩みに訴求したり、不便・不満・不足からの脱却をイメージしたりできるようにするのです。

メッセージは発信し続けること

メッセージを発信するときの間違いが、「これは、何度も発信したから、やめておこう」という発想です。同じ内容を、何度発信しても問題ありません。テレビCM、新聞や雑誌の広告と同じです。一度や二度で、あなたの会社からのメッセージを受け取ってくれる人はほとんどいません。繰り返し発信して、ようやく気づいてもらえる程度です。

小さな会社は、その存在さえ知られていないと考え、たった1人のファンをつくるつもりで、ペルソナに向けて繰り返しメッセージを発信し続けましょう。それが、池に投げ込んだ石で波紋が広がるように、あなたの会社を適性規模にまで成長させてくれます。

2 言葉化・見える化・魅せる化する

人は、まず言葉で考える

YouTubeや動画作成ソフトの普及で、小さな会社でも安価や無料で映像でのメッセージ発信が可能になってきました。そのようななか重要なのは、あなたの会社の商品や提供方法ならではの魅力をしっかり伝えることです。そのためには、**まずコンセプトを言葉（文字）にして具体化し、そのうえで商品や提供方法の特徴を明らかにして、「タグライン」と「3つの魅力」を打ち出します。**

とくに個性が出しにくいビジネスでは、さらに強いメッセージが必要になります。そのためにも、事業や商品のコンセプトをはっきりと打ち出してください。それが、お客様とのコミュニケーションだけでなく、社内の意思統一にも結びつきます。たとえば、「自社にとって品質とは何か？」「サービスとは何か？」などです。

私が主宰する藤屋式ニッチ戦略塾の塾生が作成した「メッセージ発信シート」のなかに、「高品質な不動産サービス」という表現がありました。それに対して、私が「御社における品質とは何ですか？」とその塾生に質問したところ、「業務によって品質の定義が違います。弊社では15くらいあります」との答えが返ってきました。重ねて私が「品質は大切なものですし、セールスポイントにもなります。それらの品質をホームページなどでメッセージとして発信していますか」と質問すると、「まだしていない」とのことでした。

そこで、「貴社の業務の品質を言葉化してホームページに載せてください。『15のお約束』というような形で載せると、お客様も安心します。また、社員さんにとっては行動指針になります」とアドバイスしました。これが、言葉化する意義です。

より伝わりやすいようにメッセージを「見える化」する

人は、五感（視覚・聴覚・触覚・味覚・嗅覚）を使って情報収集します。そのなかでも、視覚からの情報収集は80％を占めています。したがって、メッセージ発信で「見える化」することは必須条件だと認識してください。

見える化には、言葉化・図式化・数値化・画像化・動画化があります。対象とするお客様・商品やサービス・メッセージ発信の媒体の特性から、最適なものを組み合わせて、「メッセージの見える化」にチャレンジしてみてください。

購買意欲を高めるためにメッセージを「魅せる化」する

「百聞は一見に如かず」といわれているように、画像・動画のわかりやすさは群を抜いています。とくに**画像・動画の長所は、大量の情報でも、短時間で伝えることができる点です。**

たとえば、1枚の写真の情報を、言葉だけですべて伝えようとすると、最低でも5000文字は必要です。しかも、言葉からイメージするときは、個人の経験や感性が作用しますので、発信側のイメージが正確に伝わるかわかりません。

なお、動画サイトのYouTubeでは、無料で「YouTubeチャンネル」を開設できます。これは「自社専用のテレビ局」を開設するようなものです。ですから、メッセージ発信のチャンスは広がります。

これらを理解したうえで、販路開拓の手段としてホームページなどは、デザインにもこだわってください。「人のイメージは第一印象で9割決まる」ともいわれていますが、メッ

図24 言葉化・見える化・魅せる化する

ステップ 1	言葉化……言語化する
ステップ 2	見える化……数値化する、図式化する
ステップ 3	魅せる化……画像化する、動画化する

※メッセージの内容は、お客様の成功物語、お客様を惹きつけるエピソードを中心に
※一貫性をもって、意図的に、継続的に行うこと

セージ発信のツールも同じです。**「よいイメージ」をもってもらうことはメッセージ発信の必須条件です。**

また、メッセージ発信はインターネットだけに限定するわけではありません。

私の場合、著書や雑誌への寄稿も有力なメッセージ発信の手段になっています。

あるいは、デパート・スーパーマーケットの食品売り場などでの実演・試食販売は、五感に訴えることができる「魅せる化」(見た目・食感・味・匂い・調理の音)といえるでしょう。

CHAPTER 5

「メッセージ発信の仕組み」をつくる

いかにして知識の利用法を改善できるか、そこにおいて欠けているものは何か。欠けている知識をいかにして手に入れるか。

『創造する経営者』

1 「メッセージのストーリー」をつくる

知らせていないものは、伝わらない

メッセージ発信の目的は、あなたの会社や商品、提供方法の「実力と評価の差を埋めること」です。たとえば、ある会社の商品の製造工程についてのこだわりを、お客様はほとんど知りません。商品の背景にある熱い想いも知りません。それは、たんに知らせていないからです。そのような場合、その会社に必要なものは、自社の魅力を伝えるための思考とスキルです。

もし、あなたの会社の商品や提供方法が、100点の実力があるのに50点程度しか評価されていなければ、メッセージ発信で実力通りの評価にしていく必要があります。

ある地域でたいへん人気があるケーキ店（売上高1億数千万円）は、独特の味わいを出すために、ある材料をオリジナルの液体にひと晩漬け込むそうです。そのぶん、手間と時間とコストがかかるのですが、その工程を踏んでいることをメッセージとして発信していませんでした。

そのため、「おいしい」という評判はあったのですが、その根拠に乏しいため、値上げをためらっていました。そして、それが原因で粗利益率が低くなっていました。

そこで、私がケーキ店の店主に「その工程をホームページや店頭のPOPで公表するとマネされますか？」と質問したところ、「もともと弊社も、自分の師匠に教えてもらったことを工夫したものです。液体の成分を公表しなければ問題ありませんし、仮に公表しても手間と時間とコストがかかるので、マネするところはないと思います」との返事が返ってきました。

そこで私は、その工程を公表してもいい範囲でホームページや店頭のPOPなどで「当店のこだわり」「おいしさの秘密」のメッセージとして公表するようにアドバイスしました。「おいしい理由には根拠がある。だからこの値段が適性価格なのだ」といえるようにしたのです。

なお、経営者の値上げに対する不安を解消するために、既存の商品にちょっと手を加えた新商品を開発してもらい、その商品から値上げすることをお勧めしました。その結果、そのケーキ店は数か月後には、目標とする粗利益率が確保できるようになりました。

「コンセプト」に基づいたメッセージを発信する

　メッセージの発信は、すでに「販促業務」から「戦略業務」に変わっています。短期的な視点や場あたり的な発信では、氾濫している情報の渦に飲み込まれてしまい、ペルソナ的なお客様にメッセージが届かないからです。

　どのような人向けに、どのような内容のメッセージを、どのような媒体を使って、どのようなタイミングで発信し続けるのかを設計するのです。一貫性をもって、意図的・継続的にメッセージを発信する仕組みをつくらなければなりません。もちろん、商品やサービスの訴求だけでなく、経営理念や事業のコンセプトなどを発信することも、時事ネタやエッセイのような肩の力を抜いてもらうような内容も必要になるでしょう。それらを含めて、「弊社はこんな会社です」と訴える（理解してもらう）ことが重要になります。

　これからは、多くの業種・業態で、お客様とのコミュニケーション、とくに見込み客とのコミュニケーションはオンラインが主要な手段になってきます。だからこそ逆に、**人間的な側面が重要になってきます。**基本的にビジネスは、人と人との関係の上に成り立つものです。自分を理解してもらい、お客様を理解して、はじめてビジネスは成り立つものだと再認識してください。

2 メッセージのつくり方

「ペルソナが直面している問題」を特定する

事業戦略の3つの要素は、「誰に・何を・どのように」でした。したがって、「誰に」を決めなければ、「何を」も「どのように」も決めることができません。そのため、**メッセージをつくる際にも、必ずペルソナを設定してください。それから、設定したペルソナが解決したい機能的（物理的）な問題、情緒的（感情的）な問題を特定します。**

もし、あなたの会社が承認欲求を満たすための商品やサービスを提供していれば、ペルソナの自己表現的な問題を追加してください。また、商品・サービス・提供方法が、お客様の売上増やコスト率の削減に貢献するものであれば、経済的な問題を加えるのもよいでしょう。

そして、それらの問題が、他社の既存の商品や提供方法では解決できない現実を、できれば理由を添えて書き出してください。

「問題解決のナビゲーター」として、あなたの会社が登場する

ペルソナであるお客様に、「問題解決のナビゲーター」として認識してもらうために重要なのは、**お客様に「この人・この会社は、自分のことをわかってくれている」と思われること**です。ですから、まず、ペルソナの問題の状況に理解を示したり、寄り添ったりする必要があります。

そのうえで、ペルソナの「でも、私の問題を本当に解決できるのか?」という疑問・不安を取り除くために、実績やお客様の声、国家資格などの「ナビゲーターとしての資格」を提示します。

あなたの会社が提供する価値を明記する

お客様の「なぜ、あなたの会社から買わなければならないのか?」「なぜ、あなたの会社を利用しなければならないのか?」「なぜ、あなたの会社が提示した価格を支払わなけ

図25 らしさ・こだわり・独自性の事例

		定義
1	らしさ	元レーシングチームのメカニックが選んだ、ポルシェボクスター、ベンツSLKのスポーツタイプなどのオープンカーの品ぞろえ
2	こだわり	色やエンジン、ホイールまでこだわり、サービスも徹底する
3	独自性	ほかにはないオープンカー専門のレンタカー

ればならないのか?」という答えになるのが、「提供する価値」です。かつ、非競争の商品や提供方法をつくり出すのがあなたの会社の「らしさ・こだわり・独自性」であり、これらが「生態的ニッチ」を確保する原動力になります。

この3要素で、具体的な「機能的な価値」「情緒的な価値」「自己表現的な価値」を設計します。

藤屋式ニッチ戦略塾・塾生の小島康さんが経営する有限会社アスクスポーツ(北海道札幌市/従業員5名)は、自動車整備業を中心に春から秋は外車のオープンカーのレンタカー、冬季はレンタカーの需要がなくなるので除排雪事業を行っています。なお、除排雪事業には、冬場は閉鎖するゴルフ場のスタッフを採用しています。これは、お互いにとってよいことですね。

さて、小島さんは若い頃、レーシングチームに所属していたプロ中のプロのメカニックで、大の車好き人間です。その彼が「北海道のさわやかな風を感じてもらおう」とはじめたのが、外車のオープンカーのレンタカーです。車好きな人が喜ぶ「ポルシェ ボクスター」「ベンツ SLK280」「BMW Z4ロードスター」「BMW Z3ロードスター」「クライスラー PTクルーザーカブリオ」などをそろえています。これらは、車が好きな男性に人気があります。これこそ、メカニックらしさ、メカニックのこだわり、メカニックの独自性を感じられる品ぞろえだと小島さんはいいます。これらとはちょっと向きが違いますが、「黄色のVW ニュービートル カブリオレ」もあります。これは、若い女性グループに人気があります。

提供する価値の手段としての商品やサービスを紹介する

お客様は、「問題解決の手段」としてあなたの会社の商品やサービスを買っています。そして、あなたの会社は、その問題を解決した実績をもっています。

しかし、はじめてのお客様は、あなたの会社のことがよくわかりません。ですから、**「購入して失敗するリスク」を負わなければなりません。このリスクをなくす。少なくとも軽減することが、商品やサービスの質を訴求するのと同じくらい重要になるのです。**購入あるいは利用するリスクがないことを、根拠を示してアピールしましょう。ここでは、写真入り、実名入りの【お客様の声】が威力を発揮します。

購入への行動をうながす

人は、自ら進んで買うことはあまりありません。背中を押されて買うことのほうが多いでしょう。ですから、必ず「直接的」あるいは「間接的」に行動をうながしてください。たとえば、テレビショッピングの「今すぐ、お電話を！」や、ダイレクト販売の「今すぐクリック」の**直接的な行動喚起**、「LINE公式アカウントの友達登録」「メルマガ登録」などの**間接的な行動喚起**があります。

問題が解決できたハッピーエンドの状態を示す

購入への行動をうながしたら、**最終確認の意味で、お客様に「問題解決前の状況」と「問題解決後の状況」を鮮明に描かせることです**。とくに、問題を抱えている今の情緒的な状況（不安・イライラ・怒り・めんどうくさいなど）と、問題が解決してからの情緒的な状況（スッキリ・安心・満足・楽・ストレスの解消など）を見える化すると、購入意欲が強くなります。

「タグライン」と「3つの魅力」をつくる

「タグライン」と「3つの魅力」の重要性は、本のカバーをイメージするとわかりやすいでしょう。タイトルがない本はありえません。また、タイトルと著者名だけの本の表紙も、まず見かけません。ところが、生産財や消費財を販売している会社では、「タグライン」も「3つの魅力」もない商品やサービスを平気で販売しています。たとえるなら、表紙のタイトルが「本」と書いているだけで、内容がまったくわからない状態になっています。これでは売れませんよね。

現代は、「情報」が45ゼタバイトの単位で飛び交っているといわれています。1ゼタバイトは10の21乗です。これがどのくらいの量なのかを事例で紹介します。世界中の砂浜の砂粒の数が1ゼタバイトです。あるいは、銀河には2000億個の星があります。そして宇宙には2000億の銀河のようなものがあります。この2000億×2000億が40ゼタバイトです。

あなたの会社が発信している情報が、いかに取るに足らない存在であるかわかっていただけたと思います。このような状況のなかで、「みなさんにとって、とてもよい商品ですよ。買ってくださ〜い！」と呼びかけたところで、誰が注目してくれるでしょうか。

特定の「あなた」に向けて、はっきりと「あなたのメリット」を「タグライン」として明らかにして、かつ、関心をもってくれた「あなた」に、商品と提供方法の魅力を伝えなければなりません。その魅力がたくさんあっても、せいぜい3つに留めてください。多すぎると焦点がぼやけて、対象にしたいお客様の心に刺さりません。

「メッセージ発信の媒体」を決める

自社の能力、お客様の特性、商品やサービスの特性から、どのようなメッセージ発信の媒体が、もっとも適性なのかを選択します。

「適性」と表現したのは、「何が正しいか」は、結果が出るまでわからないからです。とくに結果が求められる会社経営は、「勝てば官軍」「終わりよければ、すべてよし」です。したがって、はじめる前にわかっていることは、「これが一番いいのではないか」「ふさわしいのではないか」程度の仮説です。

図26 メッセージ発信シート

事例：藤屋式ニッチ戦略塾

No	要素	内容
1	ペルソナ	特徴ある商品と提供方法をもっているが、値上げの方法がわからない中小企業の経営者
2	機能的な問題	特徴をもつ商品と提供方法を価格に反映できない
3	自己表現的な問題	特徴があるのに他社並みの価格設定
4	情緒的な問題	将来への不安と解決策を見出せない
5	他社で解決できない理由	理論と実践のバランスが悪いから
6	弊社が解決できる理由	ドラッカー理論の習熟と活用実績
7	弊社の独自性	独自理論の藤屋式ニッチ戦略
8	提供する機能的な価値	リスクなしの値上げ戦略の修得
9	提供する自己表現的な価値	優良企業の経営者としての誇り
10	提供する経済的な価値	粗利益率アップと売上増
11	提供する情緒的な価値	寄り添ってもらえる安心感・信頼感
12	商品の紹介	藤屋式ニッチ戦略塾
13	段階的な行動喚起	メルマガかLINE公式アカウントにご登録ください
14	直接的な行動喚起	無料体験にお申し込みください
15	メッセージ発信の主な媒体	本、ブログ、メルマガ
16	本塾での成果物	非競争のビジネスモデルを確立して値上げでき、経営が安定して、お客様満足度も社員満足度も上がる
17	タグライン	リスクなしの値上げ戦略が学べる
18	3つの魅力	・非競争のビジネスモデルが構築できる ・高収益企業に転換できる ・経営者としての自信と誇りをもてる

さて、ネット社会になって、メッセージ発信の媒体として、ホームページ、YouTube、Instagram、Facebookなどが注目されています。とくに、3密を避けることが求められるウィズ・コロナの時代には、非接触のメッセージ発信の媒体が中心的な風潮になっています。これは、コロナ禍が終息してもなくなることはないでしょう。

もちろん、それは正解です。正解ですが、メッセージ発信を「誰に・何を・どのように」でとらえ直してみると、必ずしもネットだけが正しいとはいえません。たとえば、高齢者にはチラシ・訪問営業・テレビショッピングが有効でしょう。また、店舗販売では、ネットでのメッセージ発信とともに、店頭のディスプレイ・陳列・POP・販売スタッフの接客が重要なメッセージ発信の媒体になります。

すべての商品やサービスにおいて、口コミ・紹介が最良のメッセージ発信の媒体です。これらを総合的に判断して、自社に最適なメッセージ発信の組み合わせを考えてください。

メッセージ発信を「スケジュール化」する

「一貫性をもって、意図的かつ継続的に」がメッセージ発信の基本です。そのためにも、何を、いつ、どれくらいの頻度で、どの媒体を使って、どのような順番で発信するのかをスケジュール化しなければなりません。もちろん、スケジュール通りに進むことはないかもしれませんが、スケジュールがあるからこそ、それを基準にした変更も可能になるのです。

最後は「ホームページ」に誘導する

設定したペルソナによって、さまざまなコミュニケーションの媒体がありますが、どのような媒体を通じて情報やメッセージを発信したとしても、最後はホームページに誘導するようにしてください。

あなたの会社に関心をもったお客様は、あなたの会社がどのような会社かを知ろうとします。しかし、チラシやパンフレットでは情報量が少なすぎます。また、SNSではタイムラインが時間とともに流れていってしまいますので、あなたの会社が発信した情報やメッセージがストックできません。ただし、YouTubeは「見える化」「ストック」という点で優れています。

したがって、高額やマニアックな商品であればあるほど、誰にも干渉されずに、じっくり知ってもらえるような環境が必要になります。それを可能にするのがホームページです（なお、YouTubeも説明欄にホームページのURLを貼ることで誘導できます）。

おわりに

すべての環境の変化には、新しい「ニッチ市場」が誕生します。あるいは、古い市場や伝統的な製造方法・販売方法が「ニッチ」として残ります。これは変化を厭《いと》わない会社にとっても伝統を守る会社にとってもビッグチャンスです。要は、認識しだいということです。

そのようななか小さな会社は、肉体労働から知識社会への移行、少子高齢化やデジタル化への対応が遅れています。機能しなくなった旧制度からの脱却ができないことなどから、経営環境の変化についていけず、倒産や廃業、業績低迷にあえいでいます。

だからといって、それは悪いことばかりではありません。たとえば、デジタル化が進んだ音楽の世界でも、デジタルで再現できない音も再現できるレコードを愛するファンも少数ですが残っています。そして、そのニーズに対応することで、残存者利益を享受しているレコード針のナガオカのような会社もあります。

市場の現実を見、聞き、質問して、対象とするお客様のニーズを特定し、あなたの会社が上手にできる商品や提供方法を再設計してください。その設計のポイントは、「他社がマネできない」ではなく、**「他社がマネしたくない」**です。その際に、本文で紹介した小さな会社の考え方が参考になるはずです。

最後に、コロナ禍のビジネス環境の変化により、三度の書き直しのため、遅れに遅れた原稿を辛抱強く待ってくださった日本実業出版社の川上聡さん、事例紹介に協力してくださった藤屋式ニッチ戦略塾の塾生さん、原稿の推敲をしてくれたアシスタントの沙央梨さん、息子の拓巳に紙面をお借りして感謝いたします。ありがとうございました。

参考文献

『現代の経営』（P・F・ドラッカー著／上田惇生訳／ダイヤモンド社）
『創造する経営者』（P・F・ドラッカー著／上田惇生訳／ダイヤモンド社）
『イノベーションと企業家精神』（P・F・ドラッカー著／上田惇生訳／ダイヤモンド社）
『乱気流時代の経営』（P・F・ドラッカー著／上田惇生訳／ダイヤモンド社）
『未来企業』（P・F・ドラッカー著／上田惇生訳／ダイヤモンド社）
『エッセンシャル版　マネジメント』（P・F・ドラッカー著／上田惇生訳／ダイヤモンド社）
『抄訳　マネジメント』（P・F・ドラッカー著／上田惇生訳／ダイヤモンド社）
『P・F・ドラッカー経営論』（P・F・ドラッカー著／上田惇生訳／ダイヤモンド社）
『フォーカス』（アル・ライズ著／川上純子訳／海と月社）
『ストーリーブランド戦略』（ドナルド・ミラー著／力丸洋子訳／ダイレクト出版）
『ブランディングが9割』（乙幡満男著／青春出版社）
『コンセプトメイキング』（高橋宣行著／ディスカヴァー・トゥエンティワン）
『キーメッセージのつくり方』（高橋宣行著／ディスカヴァー・トゥエンティワン）

藤 屋 伸 二 (ふじや しんじ)
藤屋ニッチ戦略研究所株式会社代表取締役。1956年生まれ。1996年経営コンサルタントとして創業。1998年に大学院に入り、「マネジメントの父」といわれているドラッカーの研究をはじめる。現在は、ドラッカーの「生態的ニッチ戦略」に基づき、中小企業を対象にしたコンサルティング、経営塾にて300社以上の業績伸長やV字回復を支援。著書・監修書には『図解で学ぶドラッカー入門』(日本能率協会マネジメントセンター)、『ドラッカーに学ぶ「ニッチ戦略」の教科書』(ダイレクト出版)、『まんがと図解でわかるドラッカー』『まんがでわかるドラッカーのリーダーシップ論』(以上、宝島社)など30冊以上あり、累計発行部数(電子版・海外版を含む)は244万部を超える。

小《ちい》さな会社《かいしゃ》は「ドラッカー戦略《せんりゃく》」で戦《たたか》わずに生《い》き残《のこ》る

2021年3月1日 初版発行

著 者 藤屋伸二

発行者 杉本淳一

発行所 株式会社 日本実業出版社 東京都新宿区市谷本村町3-29 〒162-0845
大阪市北区西天満6-8-1 〒530-0047
編集部 ☎03-3268-5651
営業部 ☎03-3268-5161 振 替 00170-1-25349
https://www.njg.co.jp/

印 刷/壮 光 舎 製 本/若林製本

ISBN 978-4-534-05839-3 Printed in JAPAN

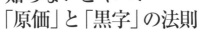

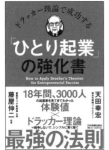

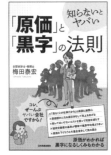